Karl Foitzik · Frieder Harz

Religionsunterricht vorbereiten

Karl Foitzik · Frieder Harz

RU Religionsunterricht vorbereiten

Hilfen für Anfänger – Tips für Praktiker

In Verbindung mit dem katechetischen Amt
und anderen religionspädagogischen
Aus- und Fortbildungseinrichtungen der
Evang.- Luth. Kirche in Bayern

Claudius Verlag München

CIP-Kurztitelaufnahme der Deutschen Bibliothek

Foitzik, Karl:
Religionsunterricht vorbereiten: Hilfen für Anfänger, Tips für Praktiker/Karl Foitzik; Frieder Harz. In Verbindung mit d. Katechet. Amt u. a. religionspädag. Aus- und Fortbildungseinrichtungen d. Evang.-Luth. Kirche in Bayern
1. Aufl. – München: Claudius-Verlag, 1985.
ISBN 3-532-62031-6
NE: Harz, Frieder:

1. Auflage 1985

Umschlag: Werner Richter
nach einer Idee von Matthias Foitzik
Karikaturen: Steffen Weeske
Grafiken: Matthias Foitzik
Satz: Grimm-Grafing
Druck: H. Mühlberger, Augsburg
ISBN 3-532-62031-6

Inhaltsverzeichnis

VORWORT

Was will dieses Buch?

● Das Buch will zu einer Vorbereitung des Religionsunterrichts anleiten, die Sicherheit verleiht, ohne einzuengen.

Unterricht muß vorbereitet werden. Nur derjenige, der gut vorbereitet ist und einen genauen Plan hat, kann in der konkreten Situation flexibel sein und improvisieren, ohne dabei die Linie zu verlieren. Die in diesem Buch vorgeschlagenen fünf Schritte der Vorbereitung des Religionsunterrichts markieren die Problemkreise, die bei jeder Vorbereitung – wie ausführlich oder knapp auch immer – zu bedenken sind. Sie möchten den Unterrichtenden nicht in eine Zwangsjacke pressen, sondern ihn zu einem Unterricht befähigen, der dem Unterrichtsgegenstand, den Schülern und dem Unterrichtenden angemessen ist.

● Das Buch will die elementaren Planungsschritte so vermitteln, daß sie nicht nur dem Anfänger einsichtig werden, sondern auch in der beruflichen Praxis hilfreich bleiben.

Viele Anleitungen zur Unterrichtsvorbereitung sind allein für die Lernphase konzipiert. Anfänger sollen das kleine Einmaleins der Unterrichtsplanung lernen. Das ist nötig. Auch dieses Buch will Anfängern helfen, sinnvoll erste Unterrichtseinheiten zu planen. Die in diesem Buch vorgeschlagenen Schritte der Unterrichtsvorbereitung haben sich auch im Schulalltag bewährt. Sie leiten nicht nur zur Ausarbeitung von Lehrproben im Seminar und beim Examen an. Sie dienen der täglichen Unterrichtspraxis. Wenn die „Werktagsstunden" ganz anders vorbereitet werden als die „Feiertagsstunden", dann stimmt etwas nicht an der Anleitung zur Unterrichtsvorbereitung. Mancher Schritt wird später schneller ausgeführt. Doch Absicht und Ziel müssen gleichbleiben. Das Buch führt so in die nötigen Schritte der Unterrichtsvorbereitung ein, daß diese auch später weiterhelfen.

● Das Buch will dazu beitragen, daß unterschiedlich ausgebildete Mitarbeiter sich leichter verständigen können.

Es ist so angelegt, daß alle, die Religionsunterricht erteilen, auf das angebotene Konzept zurückgreifen können: Pfarrer, Lehrer, Religions- und Gemeindepädagogen, Diakone, Katecheten etc. Das Grundkonzept ist in der Ausbildung dieser Mitarbeiter erprobt worden. Es wird künftig den Erfahrungsaustausch erleichtern. Mentoren, die Berufsanfänger anleiten, und Prüfer, die Lehrproben zu bewerten haben, können zumindest wissen, worauf sich ihre Partner beziehen.

- Das Buch will verdeutlichen, daß die Schritte sinnvoller Unterrichtsvorbereitung auch bei der Planung gemeindepädagogischer Lernprozesse weiterhelfen.

Vikare und Gemeindepädagogen haben anhand des angebotenen Grundschemas gemeindepädagogische Projekte geplant und durchgeführt. Es hat sich als hilfreich erwiesen. Auch bei der Vorbereitung von Projekten in der Kinder- und Jugendarbeit, in der Erwachsenenbildung und Seniorenarbeit helfen die fünf Schritte zu einer sinnvollen Vorbereitung. Selbst die Predigtarbeit wird davon profitieren.

Das vorgeschlagene Konzept engt nicht ein. Es will den Religionsunterricht profilieren, aber nicht uniformieren. Es will zu einem geplanten Unterricht führen, der Freiräume läßt, wo sie nötig sind. Das Konzept möchte gern eine Brücke sein zwischen Lern-, Übungs- und Praxisphase, zwischen verschieden qualifizierten Mitarbeitern und bedingt auch zwischen unterschiedlichen religionspädagogischen Arbeitsfeldern in Schule und Gemeinde.

Wer kann mit diesem Buch arbeiten?

Die Autoren schreiben für alle, die Religionsunterricht erteilen, die Religionspädagogik studieren oder Unterrichtende aus- und fortbilden.

Studierende werden zuerst den zweiten Teil „Hilfen für Anfänger“ durcharbeiten. Dies geschieht am effektivsten unter Anleitung in einer Studiengruppe. Der Abschnitt kann aber auch im Eigenstudium erarbeitet werden. Die einzelnen Teilschritte werden deshalb ausführlich dargestellt, kommentiert und durch Beispiele illustriert. Auch wer sich noch in der Lernphase befindet, tut gut daran, die übrigen Abschnitte schon im Vorgriff auf die spätere Praxis durchzulesen. Er kann dabei erkennen, welche Bedeutung den einzelnen Schritten später zukommt. Zugleich gewinnt er einen Blick dafür, daß die einzelnen überschaubaren Unterrichtseinheiten, um deren Vorbereitung es in der Lernphase in der Regel geht, stets in einen größeren

Planungsrahmen eingebunden sind, durch den sie beeinflußt werden und den sie umgekehrt auch mitprägen.

Wer in der Übungsphase als Referendar, Lehrvikar oder Religionspädagoge in den praktischen Studiensemestern und im Vorbereitungsdienst bereits regelmäßig unterrichtet, kann sich nach der Lektüre des ersten Teils gleich den Fragen zuwenden, die im dritten verhandelt werden. Sie betreffen seine Situation. Er wird mit dem immer wiederkehrenden, leicht erkennbaren Grundschema der Unterrichtsvorbereitung bald vertraut sein. Sollte er auf Informationen stoßen, die ihm Unbekanntes voraussetzen, dürfte es ihm nicht schwerfallen, im zweiten Teil „nachzutanken".

Wir hoffen, daß auch Praktiker mit langjähriger Erfahrung von dem Buch profitieren. Einerseits ist es gut, wenn sie wissen, welche Schritte der Vorbereitung heute in der Ausbildung empfohlen werden, andererseits möchten die Ausführungen im dritten Teil dazu beitragen, daß eventuell vorhandene Unzufriedenheit mit der Alltagsroutine abgebaut, Einseitigkeiten erkannt und neue Möglichkeiten ergriffen werden.

Jeder, der Religionsunterricht erteilen möchte, muß mindestens zwei- bis dreimal während und am Ende seiner Ausbildung durch die Niederschrift seiner Unterrichtsvorbereitung nachweisen, daß er Religionsunterricht eigenständig vorbereiten kann. Welche Planungsschritte dabei wie zu berücksichtigen sind, findet der Leser im vierten Teil.

Wir schreiben für Leser, die keine distanzierte Lektüre über Unterrichtsvorbereitung suchen, sondern unmittelbare Anleitung wünschen. Mit Formulierungen wie: Ich gehe diesen Weg, plane diesen Schritt, komme zu folgenden Ergebnissen etc. laden wir auch vom Stil her ein, sich auf einen gemeinsamen Weg einzulassen. Kommen Sie mit?

Wer verantwortet dieses Buch?

In erster Linie natürlich die beiden Autoren. Doch das Buch hat eine lange und weit verästelte Geschichte. Verantwortliche in der Aus- und Fortbildung für den Religionsunterricht in der Evang.-Luth. Kirche in Bayern haben im Katechetischen Amt in Heilsbronn mehrfach das Grundkonzept der fünf Schritte beraten. Studierende der Theologie, der Religionspädagogik und der Erziehungswissenschaften sowie Projektgruppen in der Übungs- und Praxisphase haben es erprobt. Zusammen mit F. Eberle, H. J. Fraas und L. Schmalfuß haben die Autoren die einzelnen Abschnitte diskutiert. In dieser Gruppe werden begleitend zu diesem Buch noch weitere Vorbereitungshilfen erarbeitet. Bereits 1986 erscheint im gleichen Verlag von F. Eberle das Buch „Didaktische Variationen. Grundmodelle erfahrungsbezogenen Religionsunterrichts." Vorbereitet werden Einführungen in die für den erfahrungsbezogenen Unterricht wichtigen Methoden und Medien und in die bei der Vorbereitung zu berücksichtigenden religionspsychologischen Aspekte.

Allen Kolleginnen und Kollegen, die in zahlreichen Gesprächen korrigierend und weiterführend geholfen haben, und allen Studierenden und Praktikern, die einzelne Schritte ausprobiert und profiliert haben, sagen wir herzlichen Dank. Dem Landeskirchenrat der Evang.-Luth. Kirche in Bayern danken wir, daß er das Anliegen des Buches aufgegriffen und seine Verbreitung großzügig unterstützt hat.

Neuendettelsau / Heilsbronn

Karl Foitzik
Frieder Harz

1. Teil Fünf Schritte sinnvoller Unterrichtsvorbereitung

Wir stellen Ihnen fünf Schritte für die Vorbereitung des Religionsunterrichts (RU) vor und laden Sie ein, diese Schritte mit uns zu gehen. Wohin führen diese Schritte? Sie möchten verständlicherweise das Ziel kennen. Welchen RU haben wir vor Augen? Worauf bereiten wir uns vor?
Wir können es Ihnen mit einem Satz sagen: Der von uns geplante RU knüpft an den Erfahrungen der Schüler und der biblischen Gestalten an und zielt auf Begegnungen der Schüler mit der biblischen Botschaft unter den Bedingungen der Schule.

Erfahrungsbezogener Religionsunterricht

Der Erfahrungsbegriff ist weder in der Systematischen Theologie noch in der Religionspädagogik eindeutig.[1] Dennoch wird die Kategorie der Erfahrung immer stärker zur Erschließung und Vermittlung von Wirklichkeit und Tradition herangezogen.

Die Bibel ist ein Buch gesammelter Erfahrungen. Die biblischen Gestalten haben ihr Leben aus der Perspektive des Glaubens an den lebendigen Gott erlebt und gedeutet. Die gewonnenen Glaubenserfahrungen haben sie weitererzählt und so ihren Hörern ermöglicht, ihr eigenes Leben aus der Perspektive des Glaubens zu interpretieren. Dieser lebendige Prozeß hat sich fortgesetzt, bis die Erzählungen aufgeschrieben und damit in Texten fixiert worden sind. Die Erfahrungen sind gleichsam geronnen. Wollen wir ihnen begegnen, so müssen sie erst wieder lebendig werden. Aus den Texten müssen Gestalten heraustreten, an denen gelebter Glaube sichtbar wird. Nicht Texten, sondern solchen Gestalten sollen die Schüler begegnen. Auf ihre erzählten Erfahrungen sollen sie hören. In der Begegnung können sie sich auf sie einlassen, ihre Erfahrungen nachvollziehen und versuchsweise das eigene Leben aus der Perspektive der Glaubenserfahrung betrachten.

---

1 In der Systematischen Theologie haben sich mit dem Begriff vor allem G. Ebeling, E. Jüngel, E. Schillebeeckx und J. Track auseinandergesetzt. Aus der umfangreichen religionspädagogischen Literatur verweisen wir auf H. Angermeyer, Die Kategorie der Erfahrung und der RU, in: F. W. Kantzenbach (Hg.), Verstehen und Verantworten, Stuttgart 1976, S. 141ff.; P. Biehl, Erfahrung als hermeneutische, theologische und religionspädagogische Kategorie, in: H. G. Heimbrock (Hg.), Erfahrungen in religionspädagogischen Lernprozessen, Göttingen 1983, S. 13ff.; K. E. Nipkow, Grundfragen der Religionspädagogik, Band 3, Gütersloh 1982, S. 88ff.; W. H. Ritter, Bibel und Tradition – Wirklichkeit und Erfahrung, in: PTh 71/1982, S. 254ff.; ders., RU und Erfahrung, in: Arbeitshilfen für den evang. RU an Gymnasien, Folge II/1984, Erlangen, S. 7ff.

... nicht Texten sollen Schüler begegnen, sondern Gestalten ...

Als Partner für solche Begegnungen kommen biblische, kirchengeschichtliche oder zeitgenössische Menschen in Frage, vor allem auch der Religionslehrer selbst. Begegnungen mit ihnen ermöglichen dem einzelnen Schüler, die Perspektive zu entdecken und zu überprüfen, aus der er selbst bisher auf seine Erlebnisse sah. Seine Erfahrungen können dadurch vertieft, erweitert, überboten oder korrigiert werden.

Das alles aber bleibt in der Begegnung eine Möglichkeit. RU darf nicht indoktrinieren. Es geht nicht darum, daß im RU Wissende ihre Weisheit oder Glaubende ihren Glauben bei den Schülern „einlegen", damit Weisheit oder Glaube Zinsen trägt. P. Freire hat diese Art des Lehrens und Lernens als „Bankiers-Konzept" bezeichnet und mit Recht gefragt, wer aus den Zinsen eigentlich Kapital schlägt.[2] Erfahrungsbezogener RU will nicht vereinnahmen. Er betreibt keinen

2 P. Freire, Pädagogik der Unterdrückten, Stuttgart 1970, S. 73ff.

pädagogischen Imperialismus. Er ermöglicht Begegnungen, deren Ergebnis offen ist.

(K)eine neue Konzeption

Erfahrungsbezogener RU ist die Frucht der Saat, die auf dem religionspädagogischen Humus der letzten Jahrzehnte aufgegangen ist. Er beerbt alle vorausgegangenen Konzeptionen, integriert die fruchtbaren Impulse und eröffnet neue Chancen.

Es ist im gesteckten Rahmen nicht möglich, die Diskussion über die religionspädagogischen Konzepte der letzten Jahrzehnte, die Entwicklung zum erfahrungsbezogenen RU, dessen Verwurzelung in den Konzepten und Abgrenzung von ihnen ausführlich darzustellen. Am Beispiel des „Globalziels für den evang. RU", das 1972 (!) für den Bereich der Evang.-Luth. Kirche in Bayern formuliert wurde und für alle Schularten und Schulstufen gilt, kann die Akzentsetzung exemplarisch verdeutlicht werden.[3]
Das Globalziel lautet: „Der evangelische Religionsunterricht hat die Aufgabe, der Kommunikation des Schülers mit dem christlichen Glauben in der gegenwärtigen Welt zu dienen. In diesem Sinne versteht er sich als Dienst der Kirche an der Gesellschaft. Er geschieht unter den Gegebenheiten und Bedingungen der Schule. Darum müssen Ziele des Religionsunterrichtes von Kirche und Schule gemeinsam verantwortet werden können."
Dieses Globalziel wird in vier Teilzielen entfaltet:

„1. Der Religionsunterricht soll Antworten von Christen auf die Fragen, Nöte und Herausforderungen unserer Zeit suchen und entfalten ...
2. Der Religionsunterricht informiert und orientiert über die christliche Tradition ...
3. Der Religionsunterricht schuldet dem Schüler konkrete Lebenshilfe, damit dieser zu sich selbst finden und in der Gesellschaft mündig werden kann ...
4. Der Religionsunterricht hat den Anruf Gottes in der christlichen Überlieferung gegenüber dem Menschen unserer Zeit auszusprechen ..."

Es fällt nicht schwer, in diesen Formulierungen die Anliegen der „Evangelischen Unterweisung", des „Hermeneutischen Religionsunterrichts", des „Themen- und problemorientierten Religionsunterrichts" und des „Therapeutischen Religionsunterrichts" zu entdecken. Geht es im RU darum, additiv die wesentlichen Aspekte der einzelnen Konzeptionen zu einem „goldenen Allerlei" zu vermischen? Soll jedem ermöglicht werden, selektiv das auszuwählen, was er für richtig hält? Das Globalziel betont, daß es um

3 Das Globalziel für den evang. RU in Bayern greift die Konzeptionen der letzten Jahrzehnte auf und setzt Schwerpunkte. Wenn auch in den einzelnen Landeskirchen unterschiedliche Akzentsetzungen zu beobachten waren, so kann die Gesamtentwicklung dennoch am bayerischen Globalziel gut verdeutlicht werden. Es steht auf den ersten Seiten jedes curricularen Lehrplans für den evang. RU in Bayern.

die „Kommunikation des Schülers mit dem christlichen Glauben“ geht. Dieses Anliegen greift der erfahrungsbezogene RU auf und profiliert es. Er plädiert dafür, daß die Schüler im RU nicht abstrakten Sätzen christlicher Tradition, sondern Gestalten begegnen, an denen gelebter Glaube sichtbar wird. In der Begegnung ist ganzheitliches Lernen möglich: In ihr kommen die vier Aspekte des Globalziels zum Zug: Es werden Fragen gestellt und Antworten gegeben, es wird ein Anruf laut und es wird Lebenshilfe gewährt. Begegnungen mit anschaulichen Gestalten helfen oft weiter als Auseinandersetzungen über Anschauungen.

Erfahrungsbezogener RU trägt dazu bei, die Alternative von bibel- und themenzentriertem Unterricht zu überwinden. Er zielt bewußt auf das Begegnungsfeld von Bibel und gegenwärtiger Situation. In diesem Begegnungsfeld treffen Schüler mit ihren Erfahrungen auf Menschen, die erzählen, wie sie ihr Leben aus der Perspektive des Glaubens erschließen.[4]
Erfahrungsbezogener RU ist eine Einladung zum „Erfahrungs-Austausch“. Er ermöglicht die Kommunikation von Menschen mit unterschiedlichen Erfahrungsperspektiven. Er kann von den Alltagserfahrungen ausgehen, nach den Grunderfahrungen suchen, die die Alltagserfahrungen prägen, und diese auf Glaubenserfahrungen beziehen. Er kann auch umgekehrt von Glaubenserfahrungen ausgehen und davon erzählen, wie diese Alltagserfahrungen verändern, neue Lebens- und Glaubensmöglichkeiten eröffnen. Er bewegt sich auf dem „Erfahrungszirkel“[5] und bleibt sich dessen bewußt, daß die Gotteserfahrung nicht plan- und verfügbar ist, sondern in den Alltags-, Grund- und Glaubenserfahrungen durchbrechen kann, von denen erzählt wird.
Es geht im erfahrungsbezogenen RU weder einseitig um die Lebenswirklichkeit der Schüler, noch einseitig um die biblische und kirchliche Tradition. Das eine hat zu oft zur Sozialkunde mit frommem Anstrich, das andere zu oft ins bedeutungslose christliche Getto geführt. Es geht weder um neutrale Beschäftigung mit der christlichen Tradition noch um die Weitergabe einer normativen Botschaft. Erfahrungsbezogener RU beabsichtigt eine „zündende Begegnung“[6], in der vielleicht ein Funke überspringt, von der hoffentlich etwas bleibt.

4 Vgl. G. Baudler, Korrelationsdidaktik: Leben durch Glauben erschließen, Paderborn 1984.
5 Vgl. K. E. Nipkow, a.a.O.
6 W. H. Ritter, Bibel und Tradition ..., a.a.O., 260.

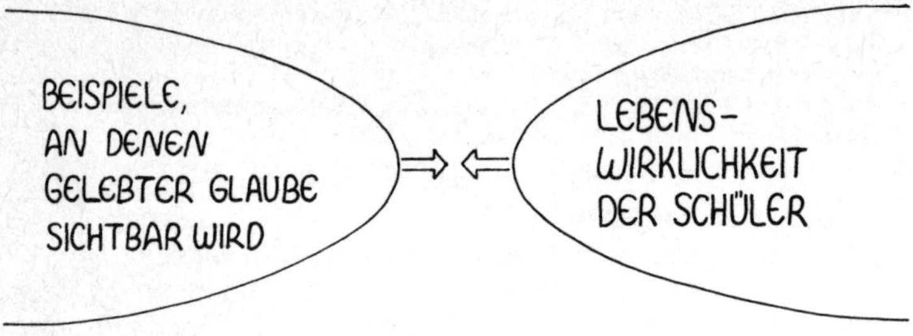

Wer begegnet wem?

Auf der einen Seite sind die *Schüler*. Jeder von ihnen kommt aus einer konkreten Lebenswirklichkeit. Jeder bringt seine geprägten Erfahrungen mit. Jeder hat sich im Lauf seines Lebens daran gewöhnt, die Wirklichkeit aus einer ganz bestimmten Perspektive zu sehen. Die so gewonnenen Erfahrungen im Umgang mit den Mitmenschen, der Umwelt und mit sich selbst entsprechen dieser Perspektive und stabilisieren sie ständig. Wir haben die so geprägte Lebenswirklichkeit der Schüler mit einer Parabel dargestellt. Deren offene Form soll andeuten, wie vielschichtig und letztlich unbeschreibbar diese Lebenswirklichkeit ist.
In der Begegnung mit Menschen, die aus einer ganz anderen Perspektive auf ihr Leben schauen, können die Schüler Distanz zu den gewohnten Alltagserfahrungen gewinnen und erkennen, aus welcher Perspektive sie gewöhnlich ihren Alltag sehen, welche Erfahrungsperspektive sie also in den RU mitbringen. Zugleich bietet die Begegnung die Möglichkeit, daß sich die Schüler auf den Partner einlassen. Dabei erleben sie nicht nur dessen Leben aus seiner Erfahrungsperspektive mit, sondern können auch das eigene aus dessen Perspektive betrachten und dabei Möglichkeiten für das eigene Leben und den eigenen Glauben entdecken.

Auf der anderen Seite sind *Menschen der Bibel, der Kirchengeschichte oder der Gegenwart,* die ihr Leben aus der Perspektive des Glaubens interpretieren und gestalten und an denen gelebter Glaube sichtbar wird. Schüler begegnen ihnen in konkreten Situationen. Je besser es im RU gelingt, das Geschehen wieder lebendig werden zu lassen, das in den Texten geronnen ist, desto intensiver können sich Schüler darauf einlassen, sich mit den Personen identifizieren und ihr Leben probeweise aus einer neuen Erfahrungsperspektive deuten.

Die Begegnung wird vermittelt durch den *Religionslehrer,* „der zwei Unbekannte füreinander zu interessieren wünscht, weil er aus genauer Kenntnis beider weiß, daß sie einander viel zu sagen haben".[7] Er bereitet die Begegnung vor, verschafft Raum und Zeit, damit Erfahrungen ausgetauscht werden können. Er vermittelt nicht absichtslos. Er zielt auf Betroffenheit, auch wenn die Begegnung aus pädagogischen und theologischen Gründen letztlich nicht planbar ist und der Ertrag der Begegnung nicht vorausgesagt werden kann. Wie intensiv sich der einzelne Schüler auf sein Gegenüber einläßt und was er aus der Begegnung mitnimmt, entzieht sich der Planung. Dennoch ist der Religionslehrer kein neutraler Vermittler. Er steht auf der Seite der Schüler und nimmt ihre Erfahrungen ernst. Zugleich steht er auf der Seite der biblischen Gestalten, läßt sich auf deren Erfahrungen ein und setzt sie zu den eigenen in Beziehung. Er ergreift Partei für die Schüler und für die biblischen, kirchengeschichtlichen oder zeitgenössischen Menschen.

Er kann sich auch deshalb nicht aus der Begegnung heraushalten, weil die Schüler die neue Erfahrungsperspektive nicht nur mit ihrer eigenen, sondern auch mit der des Religionslehrers vergleichen. Er kann nicht die Fäden ziehen und sich selbst hinter den Kulissen verbergen. Wer auf Betroffenheit zielt, muß sich auch selbst betreffen lassen. Weil es in der Begegnung um ein Beziehungsgeschehen geht, werden er, seine Beziehungen zu den Schülern und zu den Gestalten, an denen gelebter Glaube sichtbar wird, immer auch im Begegnungsfeld mitbedacht werden müssen.[8] Wir erweitern deshalb die Darstellung des Begegnungsfeldes um eine dritte offene Figur.

---

7 H. Roth: Pädagogische Psychologie des Lehrens und Lernens, Hannover 1973[14], S. 124.

8 Hier wird bedeutsam, was P. Watzlawick über die Inhalts- und Beziehungsaspekte in jeder Kommunikation beschreibt: Die Beziehungsaspekte bestimmen die Inhaltsaspekte; vgl. P. Watzlawick u.a.: Menschliche Kommunikation, Bern 1974[4], S. 53ff.

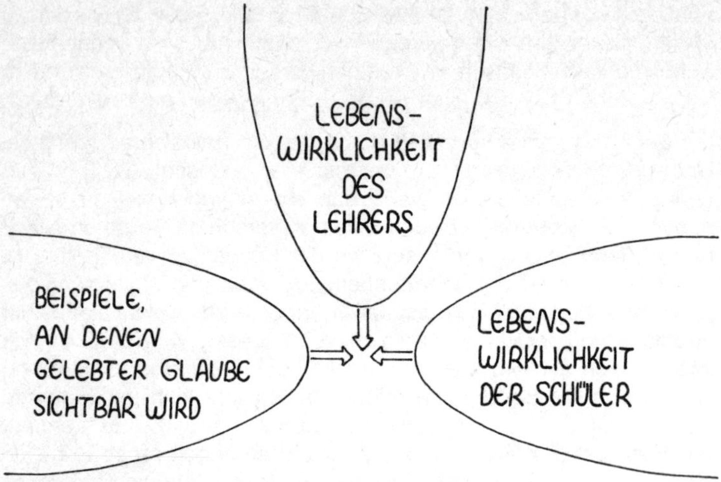

Wie kann die Begegnung verlaufen?

Bedenken wir die Komplexität des Geschehens, so sind konkrete Aussagen über den Verlauf der Begegnungen nicht möglich. Die Erfahrungsbereiche der Partner in der Begegnung sind äußerst vielschichtig und erlauben unterschiedlichste Konsequenzen. Beschränken wir uns zunächst wieder auf die beiden zuerst eingeführten Partner, die Schüler und die Beispiele gelebten Glaubens. Die denkbare Vielfalt des Verlaufs der Begegnungen läßt sich auf drei Grundtypen reduzieren.

- *Die Begegnung kann helfen, vorhandene Erfahrungen zu erkennen, zu vertiefen und zu profilieren.*

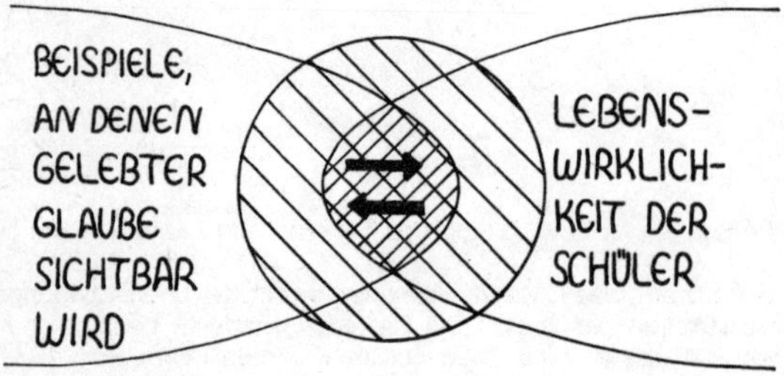

Die Schüler lassen sich in dem durch den Kreis dargestellten Begegnungsfeld des RU auf ihr Gegenüber ein und entdecken in ihm Spuren eines Spiegelbildes. Das Gegenüber hilft ihnen, sich selbst klarer zu erkennen. Es ermöglicht ihnen, die eigenen Grunderfahrungen zu benennen. Es ermutigt sie, ihr Leben deutlicher aus der Perspektive des Glaubens zu betrachten.

- *Die Begegnung eröffnet neue Erfahrungen, erschließt eine neue Perspektive, bahnt Glauben an.*

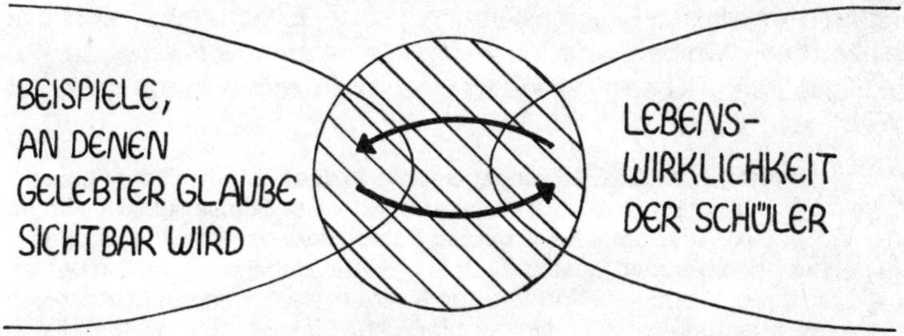

Viele Schüler können in der Begegnung mit Beispielen gelebten Glaubens zunächst keine eigenen Erfahrungen wiedererkennen. Ihr Erfahrungshorizont ist oft sehr begrenzt. Immer häufiger handelt es sich um Erstbegegnungen. Die Schüler treffen auf Erfahrungen, die ihnen noch fremd sind. In der Begegnung erleben sie die Situation aus der Perspektive des anderen. Sie identifizieren sich, indem sie wie in einem Rollenspiel sich in die Situation der biblischen Gestalt versetzen, die Situation aus deren Erfahrungsperspektive nacherleben und das Erlebte mit der eigenen Perspektive und dem eigenen Leben vergleichen. Die Begegnung läßt aufmerksam werden auf eine neue Sicht. Sie kann Neues anbahnen, kann Glaube als Lebensmöglichkeit sichtbar machen. Eine Entscheidung wird dabei nicht erzwungen. Es bleibt in der Begegnung beim Angebot.

- *Die Begegnung kann dazu führen, daß sich unterschiedliche Erfahrungsperspektiven aneinander reiben.*

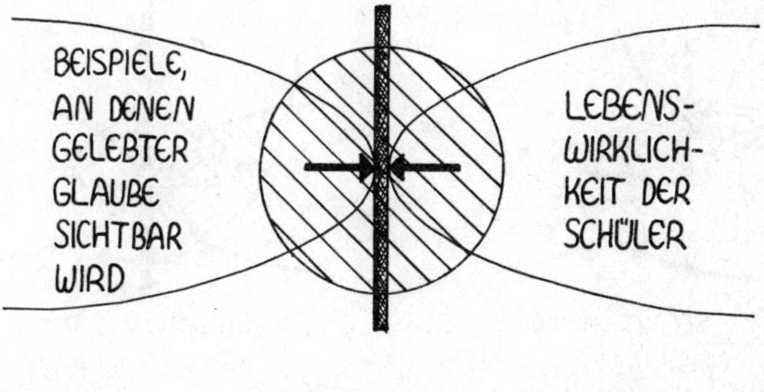

Häufig prallen die im Glauben begründeten Erfahrungsperspektiven auf die bisher eingeschliffenen. Es geht um Kontrasterfahrungen. Sie verlangen, daß an Widerständen gearbeitet werden muß. „Bei euch ist es so ...", erzählt Jesus in seinen Gleichnissen. Er setzt dem entgegen: „Bei Gott ist es anders ..." Die Perspektive Gottes stimmt nicht mit der unseren überein. Das verursacht Widerstände. Sie gilt es in der Begegnung zu thematisieren und zu bearbeiten.

Wenn wir in diese drei Grundmöglichkeiten des Ablaufs von Begegnungen jeweils den Religionslehrer mit seiner Erfahrungsperspektive einzeichnen wollten, würden sich viele Alternativen ergeben. So vielfältig kann RU sein. Einige wenige sollen zumindest angedeutet werden.

Es ist möglich, daß die Erfahrungsperspektive des Lehrers mit der Perspektive der biblischen Gestalt, nicht aber mit der der Schüler übereinstimmt (Situation A), oder umgekehrt mit der Perspektive der Schüler, nicht aber mit der der biblischen Gestalt (Situation B). Die Begegnung wird in beiden Fällen anders verlaufen. Wieder anders wird es sein, wenn der Lehrer sich an der Erfahrungsperspektive der biblischen Gestalt stößt, während sich die Schüler problemlos identifizieren können (Situation C), oder wenn der Lehrer in der Erfahrungsperspektive der biblischen Gestalt eigene Grunderfahrungen entdeckt, die Schüler aber auf Konfrontationskurs gehen (Situation D).

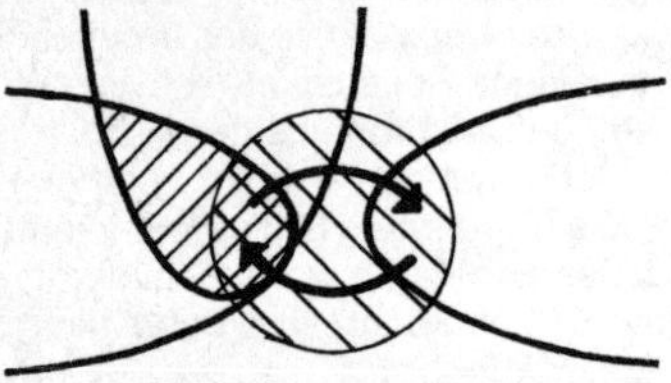

SITUATION A

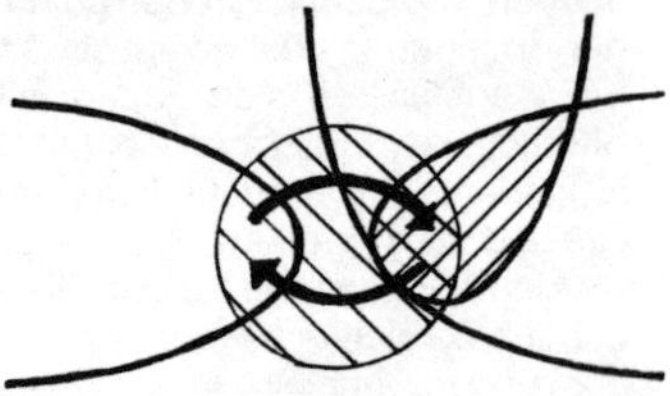

SITUATION B

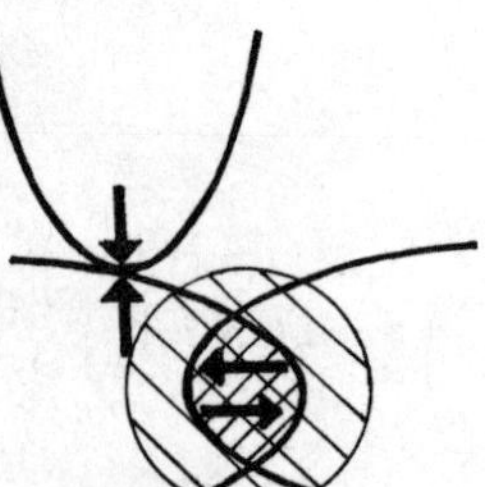

SITUATION C

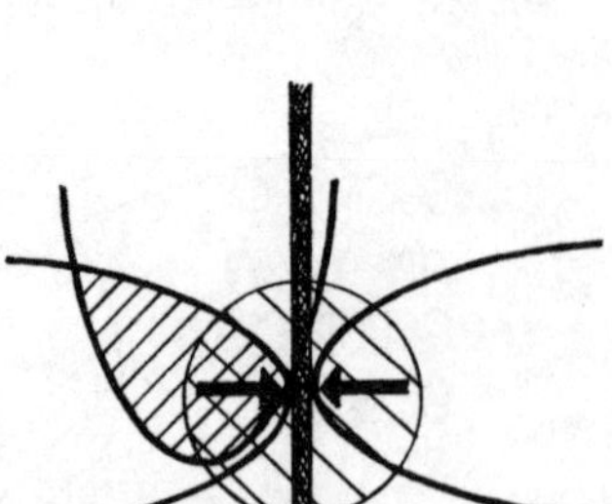

SITUATION D

Es fällt nicht schwer, sich die übrigen Variationsmöglichkeiten vorzustellen und sich auszumalen, wie in den einzelnen Situationen die Begegnungen verlaufen könnten. Es lohnt sich, darüber nachzudenken, in welcher Klasse bei welchem Themenbereich die eine oder andere Situation bereits miterlebt wurde.

Die große Zahl der Faktoren, die Begegnungen zwischen Schülern, Lehrern und Beispielen gelebten Glaubens beeinflussen, sind die Ursache dafür, daß wir als Lehrer in diesen Begegnungen vor Überraschungen nie sicher sind. Um den Überraschungsfaktor möglichst klein zu halten, stellen wir uns bei der Unterrichtsvorbereitung nicht nur auf Texte und Themen ein, sondern spielen die Beziehungen durch, die wir und die Schüler zu Texten und Themen haben. Wir schlagen deshalb folgende fünf Schritte der Unterrichtsvorbereitung vor:

I. Persönliche Begegnung: Ich will mir darüber klar werden, wie ich zu der biblischen Gestalt / dem gestellten Thema persönlich stehe.

II. Theologische Orientierung: Ich will die Gestalt / das Thema möglichst gut kennenlernen.

III. Didaktische Orientierung: Ich überlege, was wohl meine Schüler in der Begegnung mit der Gestalt / dem Thema bewegen wird und was sie aus der Begegnung lernen könnten.

Erst jetzt kann ich mich auf die beiden letzten Schritte der Unterrichtsvorbereitung konzentrieren:

IV. Didaktische Entscheidungen: Ich entscheide mich für bestimmte Ziele, Inhalte, Aktions- und Sozialformen und Medien.

V. Verlaufsplanung: Ich halte den Ertrag der Vorbereitung übersichtlich fest.

Die Absicht und die Abfolge der fünf Schritte wollen wir auf den folgenden Seiten darstellen und begründen.

I. PERSÖNLICHE BEGEGNUNG (29/38)

Dieser erste Schritt ist bei der Unterrichtsvorbereitung nicht nur für die meisten Lehrer ungewohnt. Auch Pfarrer reflektieren die eigenen Erfahrungen und das, was sie selbst in die Begegnung mitbringen, meistens nur bei der Predigtvorbereitung. Die dort gewonnenen guten Erfahrungen möchten wir auch für den RU fruchtbar machen. Sie sind für den RU mindestens ebenso wertvoll.

Deshalb knüpfen wir an die eigenen Erfahrungen an und fragen zuerst:

> *Was bedeutet das im Text überlieferte Geschehen/das Thema für mich?*

Was ich anderen vermitteln will, ist mitbestimmt von dem Gewicht meiner persönlichen Überzeugung, von der Ernsthaftigkeit, mit der ich selbst dazu stehe. „Kein Lehrer kann einem Schüler etwas wichtig machen, was ihm selbst nicht wichtig ist."[9] Hartmut von Hentig behauptet dies im Blick auf Unterrichtsabläufe allgemein. Es gilt verständlicherweise verstärkt dort, wo Unterricht auf Begegnungen abzielt. Ohne Klärung des eigenen Standpunktes gibt es keine fruchtbare Begegnung zusammen mit anderen. Die Vorbereitung des RU beginnt deshalb immer bei mir selbst. Meine Einstellung prägt bereits in der Vorbereitung die theologische und didaktische Orientierung. Damit sie nicht unreflektiert geschieht, stelle ich mich selbst der Begegnung, ehe ich sie für andere plane. Ich kläre die eigene Position, damit ich als Vermittler die Begegnungspartner nicht unbewußt manipuliere.

Vor allem aber kann die persönliche Begegnung davor bewahren, letztlich doch wieder nur „Stoff" zu vermitteln. RU unterscheidet sich von manchem anderen Unterricht dadurch, daß er Beziehungen stiften und Betroffenheit erreichen will. Dies ist auf der Inhaltsebene allein nicht möglich. Ich setze deshalb bei der Unterrichtsvorbereitung bewußt nicht mit der Fachwissenschaft ein. Ich will mich selbst auf die Begegnung einlassen, mich betreffen lassen, um zu erfahren, wie die Begegnung Perspektiven verändern und neue Lebens- und Glaubensmöglichkeiten eröffnen kann. Bevor ich mich über Begegnungen äußere, muß ich mich er-innern. Erst dann gebe ich

9 H. v. Hentig: Vom Verkäufer zum Darsteller. Absagen an die Lehrerbildung, in: Neue Sammlung (21. Jg.) 1981, S. 114.

durch meine persönlichen Äußerungen den Schülern Gelegenheit, auch ihrerseits aus sich herauszugehen und sich auf Neues einzulassen.

Nochmals: Dieser erste Schritt der Unterrichtsvorbereitung ist für viele ungewohnt und fremdartig. Wer sich auf diesen Schritt einläßt, wird bald erkennen, wie dadurch die Vorbereitung und der RU verändert werden. Manche warnen vor der persönlichen Begegnung als erstem Schritt, weil durch ihn der Subjektivismus gefördert werden könnte. Wir betonen dagegen: Unbewußte Vor-Urteile wirken sich verhängnisvoller aus als reflektierte Einstellungen. Vor allem aber können wir in der folgenden theologischen Orientierung nur das kritisch prüfen, was zuvor in der persönlichen Begegnung bewußt geworden ist. Der zweite Schritt darf allerdings nicht fehlen.

II. THEOLOGISCHE ORIENTIERUNG

Durch den ersten Schritt der persönlichen Begegnung mit dem Text oder Thema habe ich einen neuen Zugang zur exegetischen und systematischen Arbeit gefunden. Text und Thema sind für mich keine Objekte mehr, die ich behandeln muß. Sie stehen mir gegenüber. Ich habe Fragen an sie und sie an mich. Die Arbeit mit den traditionellen wissenschaftlichen Methoden ist nicht überflüssig geworden. Sie hat aber ein anderes Gewicht gewonnen. Ich kann mich auf bestimmte Arbeitsschritte konzentrieren. Jeder, der in exegetischen Seminaren wissenschaftliche Exegese gelernt hat, muß sich auf den neuen Zugang erst einstellen. Lehrern fällt mit der neuen Fragestellung die theologische Orientierung in der Regel leichter. Sie ist nötig, um den Ertrag der persönlichen Begegnung kritisch zu prüfen und zu erweitern.

Noch ein Gedanke kommt hinzu. Als Religionslehrer stehe ich inmitten der christlichen Traditionsgemeinschaft, in der mein Glaube gewachsen ist und in der auch der Glaube meiner Schüler Wurzeln schlagen soll. Ich trage im Unterricht Verantwortung dafür, daß das Vermittelte auch über die persönliche Gestalt meines Glaubens hinaus Bestand hat und in der Verkündigung der Kirche wiedererkennbar ist. Deshalb überprüfe ich den Ertrag der persönlichen Begegnung und bin offen für neue Impulse und korrigierende Einwände, wenn ich frage:

Bei der Begegnung mit einem Text: Wer spricht zu wem in welcher Absicht? Welche theologisch-systematischen Zusammenhänge und welche Wirkungsgeschichte sind bei dem im Text überlieferten Geschehen mitzubedenken?

Bei der Begegnung mit einem Thema: Welche aktuelle Bedeutung hat das Thema? Welche fachwissenschaftlichen Erkenntnisse und welche theologischen Einsichten tragen zur Klärung der aktuellen Bedeutung des Themas bei?

Sind diese Fragen beantwortet und der Ertrag der persönlichen Begegnung an den Ergebnissen der exegetisch-systematischen Arbeit überprüft, wende ich mich dem dritten Schritt zu.

III. DIDAKTISCHE ORIENTIERUNG (32| 53)

Mit diesem Schritt setze ich nochmals neu ein. Ging es bisher vorrangig um mein Verhältnis zum Text oder Thema, so jetzt um die Begegnung des Textes oder Themas mit meinen Schülern. Meine Unterrichtsvorbereitung soll mir soviel Sicherheit geben, daß ich im Unterricht ganz bei den Schülern sein und ihre Erwartungen wahrnehmen und angemessen aufnehmen kann.
Die Reflexion der Erfahrungswelt meiner Schüler geschieht im Vorgriff auf die konkrete Begegnung, die ich zu planen beabsichtige. Ich werde deshalb die Lebenswirklichkeit meiner Schüler sehr gezielt auf diese Begegnung hin analysieren. Meine Kenntnisse über die Schüler, vor allem aber meine Beobachtungen der Schüler in den vorausgegangenen Unterrichtseinheiten, helfen mir dabei weiter. Ich frage:

Was könnte bei den Schülern mitschwingen, wenn sie dem im Text überlieferten Geschehen / dem Thema erstmals oder erneut begegnen?

Was könnten sie in der Begegnung lernen?

Inwiefern beeinflußt die vorgegebene Lernsituation die zu treffenden Entscheidungen?

Je konkreter die Erfahrungen der Schüler aufgegriffen werden, desto eher können sie mitreden, auf korrespondierende oder konkurrierende Erfahrungen der Partner in der Begegnung achten und sie auf ihre Situation anwenden. Dabei gibt es stets mehr als ein mögliches Begegnungsfeld. Deshalb spiele ich im Vorfeld der didaktischen Entscheidungen verschiedene Lernmöglichkeiten durch. Allzu leicht verfalle ich sonst der Routine und wiederhole unreflektiert Erprobtes und Bewährtes. Ich bereite aber keine Begegnung zwischen irgendwelchen Schülern und irgendeiner biblischen Gestalt vor, sondern plane für konkrete Schüler.

Bei der Begründung der persönlichen Begegnung als erstem Schritt der Unterrichtsvorbereitung haben wir auf die guten Erfahrungen verwiesen, die Pfarrer mit diesem Schritt bei der Predigtvorbereitung gesammelt

... nach den ersten drei Schritten kann ich die Entscheidung treffen ...

haben. Umgekehrt haben Pfarrer, die auf unsere Bitte hin mit dem hier vorgelegten Schema Predigten und Gemeindeveranstaltungen vorbereitet haben, bestätigt, daß ihnen dieser dritte Schritt der Unterrichtsvorbereitung ermöglichte, ihr Gegenüber konkreter anzusprechen.

IV. DIDAKTISCHE ENTSCHEIDUNGEN (35/60

Ich habe verschiedene Möglichkeiten durchdacht und mich für eine entschieden. Jetzt sind konkrete Einzelentscheidungen nötig.

Ich entscheide mich unter Berücksichtigung aller Vorgaben

- *für bestimmte Lernziele,*
- *für bestimmte Inhalte,*
- *für bestimmte Aktions- und Sozialformen und*
- *für bestimmte Medien.*

Diese Entscheidungen legen mich nicht ein für allemal fest. Das wäre ein technokratisches Mißverständnis. Begegnungen verlangen Offenheit und nötigen nicht selten zu Planungsänderungen. Improvisieren kann aber nur, wer die Harmonielehre beherrscht. Die Entscheidungen markieren einen Lernweg. Sie entlasten im Ablauf der Begegnung. Je intensiver ich andere Lernmöglichkeiten durchdacht habe und je besser ich vorbereitet bin für den ausgewählten Lernweg, desto näher kann ich bei den Schülern sein und gegebenenfalls bewußt vom vorgesehenen Weg abweichen.

V. VERLAUFSPLANUNG (57/73)

Sie dient der raschen Orientierung. Der Lernweg wird skizziert. Die einzelnen Phasen werden deutlich. Wichtige Impulse und Arbeitsaufträge formuliere ich wörtlich. Ich kann der Planung jederzeit entnehmen, was ich wann wie vorhabe. Die geplanten Medien werden so beschrieben, daß ich sie auch später problemlos wieder finde.
Diese Verlaufsplanung gibt mir die Sicherheit, die ich brauche, um mich ganz auf den Ablauf der Begegnung zu konzentrieren.

2. Teil Hilfen für Anfänger – Unterrichtsvorbereitung in der Lernphase

In diesem zweiten Teil des Buches werden die fünf Schritte der Unterrichtsvorbereitung für Anfänger einzeln dargestellt, erläutert, begründet und durch Beispiele illustriert. Die Schritte, die wir in der späteren Praxis mühelos aneinanderfügen, müssen in der Lernphase einzeln geübt werden. Was hier noch viel Zeitaufwand erfordert, wird später oft mit wenigen Blicken erfaßt.

In der Lernphase sind in der Regel nur kleine, überschaubare Unterrichtseinheiten vorzubereiten. Wir verzichten deshalb in diesem Teil auf Hinweise zur Planung größerer Einheiten. Lernziel und Inhalt werden den Studierenden häufig vom Seminarleiter vorgegeben oder gemeinsam erarbeitet. Dabei wird auf die Zuordnung zum Lehrplan und zu vorausgehenden und nachfolgenden Unterrichtseinheiten geachtet. Auf diese Zusammenhänge gehen wir in diesem Teil nur am Rande ein. Darüber und über die Planung größerer Einheiten informiert der dritte Teil.

Wir haben darauf hingewiesen, daß erfahrungsbezogener RU die falsche Alternative zwischen bibel- und problemorientiertem Unterricht überwindet. Im Begegnungsfeld treffen beide aufeinander, die biblische Tradition und die Lebenswirklichkeit der Schüler. Ob wir von einem vorgegebenen Text oder einem vorgegebenen Thema/Problem ausgehen, ändert nichts an der Abfolge der fünf Schritte der Unterrichtsvorbereitung. Nur die Einzelfragen zu den fünf Schritten lauten jeweils etwas anders.
Um in der Lernphase die Übersichtlichkeit zu wahren, stellen wir die fünf Schritte zunächst für den Fall vor, wo bei der Unterrichtsvorbereitung von einem biblischen Text ausgegangen wird. In einem zweiten Kapitel zeigen wir, welche Einzelfragen sich ändern, wenn ein Thema vorgegeben ist. Die wenigen Abweichungen, die bei vorgegebenem Traditionsgut zu berücksichtigen sind, haben wir in einem dritten Kapitel zusammengestellt.

A Unterrichtsvorbereitung in der Lernphase bei einem vorgegebenen biblischen Text

A1 Überblick

I. PERSÖNLICHE BEGEGNUNG MIT DEM TEXT

Ich versuche, erste Antworten zu finden auf die Frage:

Was bedeutet das im Text überlieferte Geschehen für mich?

Ich lasse mich hineinziehen in das im Text überlieferte Geschehen, lasse Assoziationen zu und frage u. a.:

- Erinnert mich das überlieferte Geschehen an eigene Erlebnisse und Erfahrungen?
- Freut, ärgert oder wundert mich etwas an diesem Geschehen? Läßt es mich unberührt?
- Widerspricht es meinen bisherigen Vorstellungen? Werden diese durch das überlieferte Geschehen bestätigt oder erweitert?
- Ermutigt mich das Geschehen? Stellt es mich in Frage? Fordert es mich heraus?
- In welchen Aussagen, Bildern, Symbolen etc. finde ich mich wieder? Kann ich mich mit bestimmten Personen in ihrer Situation identifizieren?

In der Begegnung mit dem im Text überlieferten Geschehen können drei Dimensionen bedeutsam werden. Ich versuche, meine spontanen Einfälle und Assoziationen zu ordnen und zu profilieren, und frage:

- *Berührt das im Text überlieferte Geschehen meine bisherigen Vorstellungen von Gott, Glaube etc.?*
- *Spricht es bestimmte Empfindungen und Einstellungen bei mir an?*
- *Hat es Bedeutung für mein Verhalten?*

Zu dem, was mir in der Begegnung bewußt geworden ist und was ich unter den drei Fragen geordnet habe, fällt mir der Zugang unterschiedlich leicht oder schwer. Ich frage deshalb:

- *Welchen Aspekten des überlieferten Geschehens kann ich problemlos zustimmen?*
- *Wo spüre ich Widerstände?*
- *Zu welchen Aspekten des Geschehens möchte ich mich um Zugang bemühen? Was muß ich mir erarbeiten? Wofür möchte ich mich öffnen?*

In der persönlichen Begegnung mit dem Text kommen oft bereits erste Vermittlungsmöglichkeiten in den Blick. Ist dies der Fall, halte ich diese fest.

II. THEOLOGISCHE ORIENTIERUNG

Ich frage im Blick auf den Text und das im Text überlieferte Geschehen:

Wer spricht zu wem in welcher Absicht?

Dazu stelle ich folgende Fragen:

- *In welchem Zusammenhang steht der Text? Bildet er eine Einheit?*

  Ich frage u. a.: In welchem Kontext steht der Text? Ist er in sich geschlossen? Ist er ergänzt oder verändert worden? Durch wen? Wann und weshalb?
  (LITERARKRITIK / REDAKTIONSKRITIK)

- *Welche sprachliche Gestalt hat der Text? Was verrät diese über Sprecher, Hörer und Situation?*

  Ich frage u. a.: Wie ist der Text strukturiert? Um welche literarische Form handelt es sich? Gibt es geprägte oder wiederkehrende Wendungen? In welcher Situation wurde er gesprochen bzw. aufgeschrieben? Was weiß ich über die Menschen, die so gesprochen haben bzw. angesprochen wurden?
  (FORMKRITIK / SITZ IM LEBEN)

- *Welche Begriffe und Sachzusammenhänge fordern grundsätzlichere Überlegungen?*

  Ich frage u. a.: Sind Personen-, Zeit- und Ortsangaben klar? Müssen theologische Begriffe oder Bilder geklärt werden? Werden Motive aus der Tradition übernommen? Spielen Vorstellungen der Umwelt eine Rolle?
  (EINZELEXEGESE)

Zusammenfassend ordne ich meine exegetischen Überlegungen unter folgenden Fragen.
Ich frage einerseits:

- *Welche Einblicke und Vorstellungen will der Autor seinem Gegenüber vermitteln?*
- *Welche Empfindungen und Einstellungen spricht er an?*
- *Welche Verhaltensweisen will er beeinflussen?*

Ich frage andererseits:

- *Knüpft der Autor bei seinem Gegenüber an vorhandene Erfahrungen an?*
- *Will er neue ermöglichen?*
- *Setzt er sich mit Widerständen auseinander?*

Nun frage ich im Blick auf theologisch-systematische Zusammenhänge:

Sind Aspekte der Wirkungsgeschichte des Textes zu berücksichtigen?

- *In welchem Verhältnis steht das erschlossene Geschehen zum gesamtbiblischen Zeugnis?*

  Ich kläre: Welche besonderen Akzente setzt der Text im Vergleich zu ähnlichen biblischen Aussagen?
  Welches Gewicht hat die Textaussage im Vergleich zum gesamtbiblischen Zeugnis?

- *Wo und wie hat der Text weitergewirkt?*

  Ich frage u. a.: Fallen mir biblische, kirchengeschichtliche oder zeitgenössische Personen ein, in deren Leben oder Werk das im Text überlieferte Geschehen Bedeutung gewonnen hat?
  Ist das Geschehen eventuell in der christlichen Kunst aufgegriffen worden? Hat es Niederschlag gefunden im Gesangbuch, Katechismus oder in theologischen oder kirchlichen Stellungnahmen? In der allgemeinen Diskussion? Gewinnt das Geschehen in Gruppen oder Konfessionen besonderes Gewicht?

- *In welchem größeren theologischen Kontext stehen für mich die erarbeiteten Ergebnisse?*

Ich überprüfe das Resultat meiner persönlichen Vorüberlegungen an den Ergebnissen der exegetischen und systematischen Arbeit. Haben sich die in der persönlichen Begegnung bereits erkannten Vermittlungsmöglichkeiten verdichtet oder verändert? Sind neue dazugekommen?

III. DIDAKTISCHE ORIENTIERUNG

Ich habe geklärt, was mir der Text bedeutet und meine Zugänge exegetisch-systematisch überprüft. Jetzt orientiere ich mich an den Adressaten, versetze mich in ihre Situation und begegne aus ihrer Sicht dem Text neu.

Ich frage zunächst:

Was weiß ich über meine Schüler?

Ich versuche, mir ihre Situation möglichst konkret zu vergegenwärtigen und frage:

- *Welche prägenden Erinnerungen werden wach, wenn ich an meine eigene Situation im entsprechenden Alter zurückdenke?*

- *Welche Erfahrungen habe ich mit Kindern/Jugendlichen dieses Alters bisher gesammelt?*

  Ich frage u.a.: Kenne ich Kinder in der Verwandtschaft oder Nachbarschaft? Hatte ich in der Gemeindearbeit mit solchen zu tun? Welche Erlebnisse fallen mir ein?

- *Welche Orientierungsdaten kann ich der einschlägigen Literatur im Blick auf die entwicklungs-, lern- und sozialpsychologischen Voraussetzungen im entsprechenden Alter entnehmen?*

- *Wie weit kann ich die bisher gesammelten Kenntnisse und Erfahrungen durch Beobachtungen in meiner Klasse bestätigen? Muß ich differenzieren? Kann ich sie ergänzen?*

  Ich frage u.a.: Welche wichtigen anthropogenen und soziokulturellen Besonderheiten in meiner Klasse sind zu beachten? Welche Beobachtungen und Erfahrungen aus vorangegangenen Stunden erscheinen bedeutsam? Welche Schwierigkeiten in der Klasse muß ich bedenken, z.B. auffällige Schüler oder drängende Fragen?

- *Welches Verhältnis habe ich als Lehrer zu der Altersstufe?*

Die erstellte Situationsanalyse bleibt für alle zu planenden Unterrichtseinheiten von Bedeutung. Sie ermöglicht Antworten auf folgende Fragen:

Was könnte bei meinen Schülern mitschwingen, wenn sie dem im Text überlieferten Geschehen begegnen? (Vermutungen)

Ich habe mir die Situation meiner Schüler vergegenwärtigt. Jetzt versuche ich Möglichkeiten der Annäherung zwischen den Lebenssituationen meiner Schüler und den Absichten des Textes zu erkunden:

- *Welche Erinnerungen könnten bei den Schülern wach werden?*

  Ich frage u. a.: Ist ihnen der Text schon begegnet? Welche Assoziationen werden sie wohl haben und zu welchen kann ich anregen?

- *Wie könnten die konkreten Lebensumstände der Schüler die Begegnung mit dem Text beeinflussen?*

  Ich versetze mich ins Wahrnehmungsfeld der Schüler und frage u. a.: Welche Rolle spielen bei der Begegnung z. B. ihre Wohn- und Spielwelt (Stadt/Land etc.), ihre sozialen Verhältnisse, die Einstellungen der Eltern, der Bezug zur Gemeinde?

- *Welche Alltagserfahrungen, Grunderfahrungen oder Glaubenserfahrungen werden berührt?*

Was können meine Schüler in der Begegnung lernen? *(Sammeln von Lernmöglichkeiten)*

Um eine vorschnelle Engführung des Lernprozesses – auch bei eventuell vorgegebenem Lernziel – zu vermeiden, sichte ich verschiedene Lernmöglichkeiten:

Welche Aspekte des im Text überlieferten Geschehens erscheinen geeignet, um

vorhandene Einsichten und Glaubensvorstellungen,
bekannte Empfindungen und Einstellungen,
vertraute Verhaltensweisen

- *zu klären, zu ordnen und zu profilieren?*

neue Einsichten und Glaubensvorstellungen,
Empfindungen und Einstellungen,
Verhaltensweisen
- *anzubahnen?*

im Blick auf
Einsichten und Glaubensvorstellungen,
Empfindungen und Einstellungen,
Verhaltensweisen
- *an Widerständen und Problemen gemeinsam zu arbeiten?*

Inwiefern beeinflußt die vorgegebene Lernsituation die zu treffenden Entscheidungen? (Im Vorfeld der didaktischen Entscheidungen)

Bevor ich mich für Lernziele entscheide, prüfe ich, ob ich aufgrund äußerer Bedingungen oder innerer Notwendigkeiten erkannte Lernmöglichkeiten ausschließen oder favorisieren will. Ich frage deshalb:

- *Welche Lernmöglichkeiten scheiden aus*
  - *wegen der durch die Schule bestimmten Lernsituation?*
    (strukturelle, zeitliche und räumliche Grenzen etc.)
  - *wegen der in der Klasse gegebenen Situation?*
    (Größe, Sitzordnung, gewohnter Unterrichtsstil, besondere sozialpsychologische Voraussetzungen etc.)
  - *wegen unüberwindbarer Schwierigkeiten, mit denen ich bei einzelnen oder mehreren Schülern rechnen muß?*
    (Widerstände, Blockierungen, altersbedingte unzureichende Voraussetzungen etc.)
  - *wegen unüberwindbarer Schwierigkeiten, die ich bei mir selbst empfinde?*

- *Welche Lernmöglichkeiten bieten sich besonders an*
  - *durch die Situation in der Klasse?*
  - *durch vorgegebene Ziele oder Inhalte?*
  - *im Blick auf die Gesamtplanung des Unterrichts und bereits festgelegte Leitziele?*
  - *weil sie exemplarisch sind für größere Zusammenhänge?*

- *wegen vorhandener Materialien und Medien wie Schulbücher etc.*
- *wegen meines persönlichen Engagements?*

IV. DIDAKTISCHE ENTSCHEIDUNGEN

Nach den bisher durchgeführten Arbeitsschritten sind jetzt Entscheidungen möglich und fällig.

> *Ich entscheide mich*
> - *für bestimmte Lernziele,*
> - *für bestimmte Inhalte,*
> - *für bestimmte Aktions- und Sozialformen und*
> - *für bestimmte Medien.*
>
> *Ich begründe meine Entscheidungen und überprüfe die wechselseitige Stimmigkeit.*

LERNZIELE

Ich entscheide mich unter Berücksichtigung aller Vorgaben für ein bestimmtes Lernziel / für bestimmte Lernziele und bin mir bewußt, daß ich dadurch andere ausschließe.

> *Welche Ziele sollen meine Schüler in der zu planenden Unterrichtseinheit erreichen?*
> *Ich begründe meine Entscheidung.*

Ich beschreibe zunächst das Lernziel / die Lernziele:

- *Will ich mit den Schülern Vorhandenes klären, ordnen und profilieren, Neues anbahnen oder an Widerständen und Problemen arbeiten?*
- *Ist das Lernziel stärker kognitiv, affektiv oder pragmatisch?*
  Geht es beim Ziel vorwiegend um Reproduktion, Reorganisation, Transfer oder problemlösendes Denken?

Ich frage weiter:

- *Welche Teilziele sind nötig, um dem ausgewählten Lernziel gerecht zu werden?*

Ich beschreibe die einzelnen Teilziele nach den beim Lernziel aufgeführten Fragen.

- *Ich entscheide mich, in welcher Abfolge ich die einzelnen Teilziele zu erreichen suche, und lege damit den Lernweg fest. Ich begründe die Abfolge.*

INHALTE

Anhand welcher Inhalte will ich die ausgewählten Ziele verfolgen? Ich begründe meine Entscheidungen.

Zur Entscheidungsfindung stelle ich folgende Fragen:

- *Kann ich den biblischen Text unverändert verwenden? Will ich bestimmte inhaltliche Aspekte besonders hervorheben oder weglassen? Ist eine Rahmenerzählung etc. nötig?*

  Benötige ich als Ergänzung oder zur Kontrastierung andere biblische Texte?

  Bieten sich außerbiblische Texte etc. an? Welche didaktische Funktion haben sie?

AKTIONS- UND SOZIALFORMEN

Für welche Aktions- und Sozialformen entscheide ich mich im Blick auf die ausgewählten Ziele und Inhalte? *Ich begründe wieder meine Entscheidungen.*

Im Blick auf die Aktionsformen frage ich:

- *Welche Aktionsformen sind dem gewählten Lernweg in seinen Teilzielen und zugeordneten Inhalten angemessen?*
- *Entsprechen diese dem Alter der Schüler?*
- *Ist der für die Altersstufe nötige Wechsel der Aktionsformen berücksichtigt?*

Im Blick auf die Sozialformen frage ich:

- *Mit welchen Sozialformen will ich aufgrund der bisher getroffenen Entscheidungen die Interaktionen in der Klasse in den einzelnen Lernschritten gestalten?*

- *Sind sie altersgemäß?*
- *Ist der vorgesehene Wechsel sinnvoll?*

MEDIEN

Mit welchen Medien kann ich die Erarbeitung der einzelnen Teilziele fördern? Ich begründe meine Entscheidungen.

- *Welche Medien will ich bei welchen Lernschritten einsetzen und welche didaktische Funktion sollen sie haben?*
- *Will oder muß ich auf bestimmte vorgegebene Medien Rücksicht nehmen?*
- *Kann ich die Medien unverändert übernehmen oder sind Eingriffe nötig? (Auswahl aus Dia-Serien, Filmausschnitte etc.)*
- *Kann ich an außerschulische Medien anknüpfen? (Fernsehen etc.)*
- *Entspricht der Aufwand dem Ertrag? Reicht die Zeit im Rahmen der vorgegebenen Unterrichtsituation?*

Bevor ich die Verlaufsplanung zusammenstelle, überprüfe ich die getroffenen Entscheidungen:

Entsprechen alle getroffenen Entscheidungen den ausgewählten Zielen?

V. VERLAUFSPLANUNG

Ich habe alle nötigen Entscheidungen getroffen und stelle sie nun übersichtlich zusammen. Ich möchte auf einen Blick erkennen:

Wie soll der geplante Unterricht verlaufen?

Ich ordne den einzelnen Teilzielen die entsprechenden Inhalte, die ausgewählten Aktions- und Sozialformen und Medien zu. Ich markiere die Unterrichtsphasen und überprüfe die Spannungsbögen. Ich plane einen vorläufigen zeitlichen Rahmen für die einzelnen Unterrichtsphasen.

A2 Erläuterungen und Beispiele zu den fünf Schritten der Vorbereitung bei einem vorgegebenen biblischen Text

Die Abfolge der fünf Schritte haben wir im ersten Kapitel begründet. Im ersten Teil dieses Abschnitts wurden zunächst die fünf Schritte für die Vorbereitung einer textbezogenen Unterrichtseinheit in der Lernphase ausgeführt. Auf den folgenden Seiten werden diese Ausführungen kommentiert und durch Beispiele illustriert. Die entscheidenden Fragen werden zur besseren Orientierung wiederholt. Querverweise erleichtern es, die übrigen Fragen zu finden. Wir möchten erläutern, was uns weshalb wichtig ist, und so zum eigenständigen Umgang mit den „fünf Schritten sinnvoller Unterrichtsvorbereitung" anleiten.

I. PERSÖNLICHE BEGEGNUNG

Ich versuche, erste Antworten zu finden auf die Frage:

Was bedeutet das im Text überlieferte Geschehen für mich?

Uns liegt daran, daß das „im Text überlieferte Geschehen" lebendig wird. Wir hätten auch fragen können: Was bedeutet der Text für mich? Oder präziser: Was bedeutet die Aussage des Textes für mich? Dann aber stünden wir Worten und abstrakten Begriffen gegenüber.

Wir wollen nach dem in und hinter den Worten verborgenen Geschehen fragen. Sie berichten vom Tun und Ergehen lebendiger Menschen, von ihren Erlebnissen, ihren Erfahrungen mit Gott und ihren Reaktionen. Ihre Erfahrungen sind geronnen, als sie in Worte gefaßt wurden. Texte können die mannigfaltigen Aspekte lebendigen Geschehens nur bedingt vermitteln. Das Wesentliche ist in ihnen gleichsam tiefgefroren und muß erst wieder aufgetaut werden. In Begriffen wie Glaube, Sünde, Segen sind lebendige Prozesse verdichtet. Ihnen wollen wir auf die Spur kommen. Wir wollen gleichsam „in den Höfen der Begriffe spazierengehen"[1], um uns das Leben vorstellen zu können, das sich in und hinter ihnen verbirgt.

1 H. Birkhölzer, Reflektierte Praxis, München 1984, S. 38.

Eine Studentin identifizierte sich bei der Vorbereitung einer Unterrichtseinheit über Psalm 23 mit dem jungen David. Sie berichtet u.a.: ... die Identifikation mit David als Hirten fiel mir leicht. In meiner Kindheit war ich diesem David schon oft begegnet ... Ich stellte ihn mir barfuß vor – so wie ich damals. Er spielte mit seinen Schafen ... Heute entdecke ich, daß der Begriff Hirte für mich aus jener Zeit im biblischen Kontext doppelt belegt ist. Da sind einerseits die Hirten mit ihren Schafen wie David oder jene aus dem Weihnachtsevangelium ... Daneben – wirklich daneben steht Gott als Hirte oder Jesus als guter Hirte. Der Begriff hat sich verselbständigt, hat seine Anschaulichkeit verloren. Ein lebendiges Bild ist zur Chiffre geworden.
Die Identifikation mit dem jungen David half mir, das Bild zu füllen, die Übertragung eigener Erfahrungen auf Gott nachvollziehen zu können ...

Die Frage nach dem in den Texten überlieferten Geschehen stellt sich nicht nur bei Erzählungen. Auch andere Texte wie zum Beispiel die Psalmen vermitteln ein Geschehen, Psalmen meistens sogar in doppelter Hinsicht: Es ist ein Geschehen, wenn einzelne Gruppen oder ein ganzes Volk sich singend und betend an Gott wenden, und es sind Geschehnisse, die sie im Gebet vor Gott ausbreiten.

Weil ich dieses Geschehen erschließen will, versuche ich, mir die Menschen vorzustellen, die sich hinter Buchstaben und Worten verbergen. Ich lasse die Gestalten des Textes lebendig werden und mich in ihr Reden und Handeln hineinziehen. Ich lasse mich auf das im Text überlieferte Geschehen ein, setze mich damit auseinander, assoziiere eigene Erlebnisse und Erfahrungen, lasse Widerstände und auch die Sehnsucht nach ähnlichen Erfahrungen zu. In Zeitlupe erlebe ich das überlieferte Geschehen nach und prüfe, aus welcher Perspektive es zu meiner Geschichte werden kann. Nacheinander identifiziere ich mich deshalb mit den verschiedenen Personen des Textes.

Ich erlebe beispielsweise die Geschichte des Zachäus aus dessen Perspektive und auch aus der der Pharisäer, der Jünger und der Perspektive Jesu. Wird das Geschehen lebendig, so tauchen noch weitere Personen auf. Wie haben beispielsweise die Kollegen am Zoll Zachäus erlebt, als dieser am folgenden Tag zum Arbeitsplatz zurückkehrte? Wie hat wohl die Frau des Zachäus reagiert?

Ich lasse mich auf die einzelnen Personen ein und versuche zugleich, möglichst nahe am überlieferten Geschehen zu bleiben und möglichst konkret zu assoziieren. Was mir durch den Kopf und durchs Herz geht, schreibe ich in Stichpunkten auf. Da die Notizen für mich bestimmt sind, muß ich nichts verbergen.

Die in der Übersicht (vgl. S. 29) zusammengestellten Fragen sind für diesen Prozeß nur ein Geländer. Es bietet Hilfe an, ich muß mich daran aber nicht festklammern. Es kann sein, daß ein Text oder meine Situation ganz andere Fragen nahelegen. Ich will sie alle zulassen.
Von den aufgeführten Fragen ist die letzte wohl die entscheidende. Auf die Identifikation mit den biblischen Gestalten in ihrer jeweiligen Situation zielen alle anderen hin. Indem ich mich einfühlsam auf sie einlasse, bin ich ein wenig „außer mir“. Ich erlebe ihre Situation mit und erkenne, wie ich dadurch meine aus einer neuen Perspektive sehen kann. Ich „er-innere“ ihr Leben und entdecke dabei in meinem neue Zusammenhänge. Die Identifikation mit den biblischen Gestalten hilft mir, ihre Erfahrungen zu reflektieren und sie als Deutemuster für mein Leben durchzuspielen, sie hilft mir, mein „Leben durch Glauben zu erschließen“.[2]

Aus einer Vorbereitung über „David und Goliat“ (1. Sam 17):
... Ich habe ein zwiespältiges Gefühl. Einerseits imponiert mir David. Ich kann mich aber nur bedingt in ihn einfühlen. Ich empfinde Abscheu vor der kriegerischen Szenerie. David mischt da tüchtig mit ...
Die Haltung der Brüder fällt mir auf. Sie nehmen den kleinen Bruder nicht ernst. Er geht ihnen auf die Nerven. Ich erinnere mich an viele Erlebnisse mit meinen Geschwistern ... Auch der biblische Joseph fällt mir ein ... Ich entdecke mich wieder in David: klein steht er vor der großen Herausforderung. Ich kann mich an ähnliche Situationen in meinem Leben erinnern. Doch meistens ging und geht es mir anders als David. Er schaffte es. Mich lähmt die Ohnmacht, die mich angesichts der weltpolitischen Herausforderungen überfällt. Fehlt mir Zuversicht und Glaube? Will ich überhaupt David sein?
Ich spüre Mitleid mit Goliat. Auch mit meinen Gegnern ...? Mir ist es gleichgültig, ob Israel gewinnt. Die Vorstellung, Gott kämpft auf einer Seite gegen die andere, ist mir fremd. Aus dem Zug des Kreuzes durch die Welt dürfen keine Kreuzzüge mehr werden ...
Stimmt das Ende heute noch? Siegt der Schwache gegen die Starken? Ich suche nach Beispielen ... Wer ist heute in politischen Auseinandersetzungen stark? Wer ist schwach? Ich muß nicht stark sein, um für Gott einzutreten ... Ich möchte frei werden von Rachegedanken und Feindbildern ...

Dieser Zugang läßt mehr Assoziationen zu und öffnet tiefere Einsichten als der folgende, bei dem ein Studierender sich nur von dem leiten läßt, was er schon gelernt hat, und so weitgehend in Begriffen steckenbleibt.

---

2 Vgl. G. Baudler. Korrelationsdidaktik: Leben durch Glauben erschließen, Paderborn u.a. 1984

… Ich sehe in der Geschichte eine Sage. Sie wurde auf David übertragen und sagt mir viel über Glaube und Vertrauen. Auch ich möchte glauben und vertrauen wie David. Probleme habe ich genug …

Gelingt es, das Geschehen lebendig werden zu lassen, bleiben persönliche Assoziationen in der Regel nicht aus. Es kann aber auch geschehen, daß ich zu dem im Text überlieferten Geschehen nur bedingt oder überhaupt keinen Zugang finde. Alles erscheint mir fremd und ohne Bezug zu meinem Leben.

Beispiel: Himmelfahrt Jesu nach Apg 1,9–11
Ich bin enttäuscht über die geringe Darstellungskraft dieser Szene … In die Jünger kann ich mich einfühlen. Sie stehen überrascht da und starren in den Himmel. Sie teilen meine Ratlosigkeit … Engel machen mich stutzig. Was soll der Hinweis auf die Parusie …
Es folgen viele Fragen. Am Ende heißt es: … In das Geschehen kann ich mich nur ganz bedingt einfühlen. Der Text gibt mir lauter Rätsel auf. Der Gedanke an eine Unterrichtsstunde macht mich nervös. Aber ich bin neugierig geworden und fange an, mich in die Exegese zu vertiefen.

Es ist gut, sich in solchen Fällen möglichst offen auf die exegetische Arbeit einzulassen. Immerhin war das überlieferte Geschehen für Menschen einmal so wichtig, daß sie in der vorliegenden Weise davon erzählten. Selbst wenn nur die Identifikation mit den enttäuscht zurückgebliebenen Jüngern gelingt, kann dies zum Schlüsselerlebnis werden.

In der Regel fällt es nicht schwer, sich auf das Geschehen einzulassen, es aus der Perspektive der Beteiligten nachzuerleben. Meistens ergeben sich ganze Assoziationsketten. Die Einfälle sind oft recht willkürlich.

Damit ich besser damit umgehen kann, will ich sie ordnen.

Eine *erste Gliederungsmöglichkeit* bieten die später wichtig werdenden Lernzieldimensionen.[3] Ich möchte von Anfang an das Lernfeld umfassend im Blickfeld haben und prüfe deshalb, ob meine Einfälle eher kognitive Aspekte berühren, eher affektive oder ob sie eher auf mein Verhalten ausgerichtet sind. Ich frage:

- *Berührt das im Text überlieferte Geschehen meine bisherigen Vorstellungen von Gott, Glaube etc.?*
- *Spricht es bestimmte Empfindungen und Einstellungen bei mir an?*
- *Hat es Bedeutung für mein Verhalten?*

Bei der oben geschilderten Begegnung mit David und Goliat wurden die Einfälle wie folgt den drei Erfahrungsdimensionen zugeordnet:

- Meine Gottesvorstellung ist angesprochen: Ist Gott parteiisch? Ist er ein Kriegsgott? Er ist auf der Seite der Schwachen.
- Empfindungen und Einstellungen: Abscheu vor der kriegerischen Szenerie; die Situation des kleinen Bruders, der nicht ernst genommen wird; Mitleid mit Goliat – Mitleid mit den Gegnern; Ohnmachtsgefühl angesichts von (politischen) Herausforderungen.
- Meine Verhaltensweisen werden berührt: Wie gehe ich mit Gegnern um? Lasse ich mich von Feindbildern leiten? Ich will den Kleinen und Schwachen anders begegnen.

Der Zugang zu den verschiedenen Erfahrungsbereichen fällt mir in der Regel unterschiedlich leicht oder schwer. Auf die einen kann ich mich problemlos einlassen, bei anderen melde ich Widerspruch an, zu wieder anderen finde ich kein Verhältnis oder empfinde nur Defizite.[4]

In einem *zweiten Durchgang* ordne ich meine Einfälle nach den Zugangsmöglichkeiten und frage im Blick auf jede der nach den Lernzieldimensionen zusammengestellten Gruppen:

- *Welchen Aspekten des überlieferten Geschehens kann ich problemlos zustimmen?*
- *Wo spüre ich Widerstände?*
- *Zu welchen Aspekten des Geschehens möchte ich mich um Zugang bemühen? Was muß ich erarbeiten? Wofür muß ich mich öffnen?*

Beim Ordnen werde ich häufig feststellen, daß ein bestimmter Bereich bei meinen Assoziationen nicht vorkam. Das ist nicht schlimm. Es wird mich aber veranlassen, nochmals zu prüfen, ob ich nicht einen wichtigen Aspekt ausgeklammert habe.

Bei der Begegnung mit David und Goliat werden beispielsweise viele Widerstände spürbar. Zu einigen Aspekten besteht kaum Zugang. Es wird

3 Wolfgang Schulz, Unterrichtsplanung, München u.a., 1980[2], ordnet die für den Unterricht wichtigen Erfahrungen nach Sacherfahrungen, Gefühlserfahrungen und Sozialerfahrungen. (S. 17) Die Übereinstimmung ist deutlich.

4 Ähnlich unterscheidet auch P. Stuhlmacher: Es ist wichtig, „... kritisch zu sichten und zu prüfen, welche Begebenheiten und Überlieferungen der geschichtlichen Tradition die Existenz des Einzelnen heute und hier betreffen, in Frage stellen oder zu neuen Lebensdimensionen rufen". Schriftauslegung auf dem Weg zur biblischen Hermeneutik, S. 91.

zwar von zwiespältigen Gefühlen gesprochen. Es überwiegen aber die problematischen. Wurde das Vertrauen Davids zu wenig beachtet? Könnte dieser Aspekt die Geschichte zur Hoffnungsgeschichte werden lassen?

Perspektiven für die weitere Arbeit

Die Antworten auf die Fragen nach den unterschiedlichen Zugängen helfen nicht nur, die Assoziationen zu ordnen. Sie setzen wesentliche Akzente für die exegetische Arbeit und die didaktische Orientierung. Wo ich mich problemlos auf Aspekte einlassen kann, dient die Exegese vorrangig der Kontrolle. Spüre ich Widerstände, so sind die Problemfelder beschrieben, die der Klärung bedürfen. Entdecke ich Defizite, suche ich nach Antworten.

Ich beschäftige mich mit dem im Text überlieferten Geschehen nicht absichtslos. Ich will eine Unterrichtseinheit vorbereiten. Noch bin ich dabei, die eigene Betroffenheit auszuloten, doch können schon bei diesem Schritt erste Vermittlungsmöglichkeiten bewußt werden: Ich vermute, daß meine Schwierigkeiten auch die der Schüler sein könnten, und denke an eine problemorientierte Diskussion; mir fallen alternative Texte ein; ich erinnere mich an ein Bild, das sich eignen könnte ...

Ich weiß um die Gefahr voreiliger Fixierungen, zumal in der Regel meine Fragen nicht die der Schüler sind und meine Betroffenheit nicht die der Klasse ist. Dennoch möchte ich die Lern- und Vermittlungsmöglichkeiten, die mir jetzt schon einfallen, nicht vergessen. Ich notiere sie vorläufig, um ihre Tauglichkeit später überprüfen zu können.

II. THEOLOGISCHE ORIENTIERUNG

Studienanfänger brauchen für diesen Schritt meistens viel Zeit. Die Begegnung mit dem biblischen Geschehen wirft viele Fragen auf. Studierende können sich oft nicht vorstellen, wie sie theologisch verantwortet später die vielen Unterrichtseinheiten pro Woche vorbereiten sollen. Doch die gründliche exegetische Arbeit in der Lernphase wird sich auszahlen. Der Ertrag eines Studiums und die zunehmende Beschäftigung mit biblischen Texten ermöglichen es, daß dieser Schritt der theologischen Orientierung später verhältnismäßig wenig Zeit beanspruchen wird.

Grundsätzlich aber darf bei der Vorbereitung einer Unterrichtseinheit auf diesen Schritt nicht verzichtet werden, wie knapp er auch immer vollzogen wird.

Was ich aufgrund meiner persönlichen Begegnung mit dem im Text überlieferten Geschehen weitersagen möchte, überprüfe ich an den Aussageabsichten des Autors. Allzu schnell meine ich oft zu wissen, was der Text mir oder meinen Schülern zu sagen hat. Fehlende exegetische Arbeit verbaut die Chance, daß sich mir etwas bereicherndes Neues erschließt und ich offen bleibe für aktuellen Zuspruch und Anspruch. Deshalb frage ich im Blick auf den Text und das im Text überlieferte Geschehen:

Wer spricht zu wem in welcher Absicht?

Auch die exegetische Arbeit soll das im Text überlieferte Geschehen lebendig werden lassen. Dabei nutzen wir die exegetischen Methoden, die dazu beitragen, daß aus tiefgefrorenen, konservierten Erfahrungen lebensnahe neue Erfahrungsquellen werden. Die Texte sind ursprünglich nicht für uns verfaßt worden. Wer hat sie für wen erzählt, gesammelt oder aufgeschrieben? Als Menschen ihre Bedeutung auch für andere Situationen erkannten, wurde die Überlieferung verallgemeinert und im doppelten Wortsinn verdichtet: Die Erfahrungen wurden komprimiert; Einzelheiten wurden weggelassen, das Individuelle so erzählt, daß sich andere darin wiederfinden konnten. Oft wurden die Erfahrungen aber auch wirklich literarisch „verdichtet“, in Sagen, Lieder und Gedichte übertragen. Aufgabe der Exegese ist es, das ursprüngliche Geschehen so zu erschließen, daß wir offen werden für die Erfahrungen von damals. Deshalb fragen wir: Wer spricht zu wem in welcher Absicht? Oder ausführlicher: Wer sagt wozu was wie zu wem wann und wo? Wie wirkt dies weiter? Wir begnügen uns dabei nicht mit der Klärung von Vergangenem, sondern fragen nach dessen Bedeutung für uns heute, wollen das Geschehene heute neu sagen.

Wer im Studium gelernt hat, biblische Texte zu exegesieren, wird in den oben aufgeführten Fragen (vgl. S. 30) sofort bekannte exegetische Schritte wiedererkennen. Zugleich wird er feststellen, daß andere exegetische Schritte, deren Bedeutung ihm in exegetischen Proseminaren erläutert wurde, fehlen. Wir haben uns auf die exegetischen Fragen beschränkt, die besonders dazu helfen, das im Text überlieferte Geschehen zu erschließen, die für die Unterrichtsvorbereitung relevant sind und die auch in der späteren Berufspraxis gestellt werden sollen.[5]

Die Fragen nach Einheit und Einheitlichkeit des Textes, nach dessen Form und nach der Situation, in der er laut wurde, sowie die Klärung relevanter Begriffe und Sachzusammenhänge halten wir für besonders wichtig. Wir haben die Abfolge der Fragen wieder bewußt nicht numeriert. Bei dem einen Text erscheint der Einstieg über die Form leichter, bei einem andern über die Analyse eines Begriffes. Die Fragen sind wieder nicht mehr als ein Geländer, das Hilfe anbietet. Es ermöglicht, auch einmal zwei Stufen gleichzeitig zu gehen. Ich kann aber auch innehalten und zusätzliche Fragen bearbeiten.

Wir empfehlen allen Studierenden, auch den Lehramtsanwärtern, die Theologie nicht als Hauptfach studieren, Antworten auf die einzelnen Fragen zunächst selbst zu suchen und sie erst anschließend mit denen in exegetischen Kommentaren, religionspädagogischen Unterrichtshilfen und anderen einschlägigen Veröffentlichungen zu vergleichen.

- *In welchem Zusammenhang steht der Text? Bildet er eine Einheit?*

Ich lese zunächst den Text in verschiedenen *Übersetzungen*. Eine wissenschaftlich anerkannt gute Übersetzung bietet die Zürcher Bibel. Die Lektüre des Textes in einer fremden Sprache macht mich oft auf völlig neue Aspekte aufmerksam. Sofern ich mich nicht am Urtext orientieren kann, greife ich beispielsweise nach der „New English Bible".
Wichtige Unterschiede notiere ich. Dahinter können sich Vorgänge verbergen, die mir helfen, das Geschehen zu erschließen oder die Geschichte des Textes nachzuvollziehen. Kann ich die Unterschiede nicht selbst bearbeiten, befrage ich die entsprechende Literatur.

In einem weiteren Arbeitsgang kläre ich den *Kontext*. Ich prüfe, ob mein Text klar abgegrenzt ist, ob ich das im Text überlieferte Gesche-

---

5 In manchen Texten ist das Geschehen kaum nachvollziehbar, ohne auch ausführlich die religions-, motiv- und traditionsgeschichtlichen Fragen zu klären. Wir haben hierfür keinen eigenen Arbeitsschritt vorgesehen, sondern wollen diese Fragen bei der Klärung der Begriffe und Sachzusammenhänge berücksichtigen.
Bei einigen Texten weist der Vergleich verschiedener Übersetzungen oder der Blick in den textkritischen Apparat auf sinnverändernde Alternativen hin. Die Relevanz dieser Alternativen für die Erschließung des im Text überlieferten Geschehens gilt es zu prüfen.

hen aus sich heraus verstehen kann oder ob Informationen aus den davor und danach überlieferten Abschnitten wesentlich zum Verständnis beitragen. Ich bedenke, was ich über die theologische Absicht des Verfassers der Schrift weiß und wie mir dies zum Verständnis meines Textes hilft. Gegebenenfalls orientiere ich mich anhand der Einleitungen in das Alte und Neue Testament.

Nun lese ich den Text nochmals langsam, achte auf die *Bewegung des Textes* und versuche, sie in Geschehen aufzulösen. Ich gliedere das Geschehen in Szenen. Unebenheiten in der Bewegung, logische Brüche, auffallende semantische Unterschiede sind meistens Hinweise darauf, daß der Text vor seiner Kanonisierung in verschiedenen Situationen neu ausgelegt, ergänzt oder erläutert wurde. Solche späteren Zusätze sind nicht suspekt. Sie bezeugen im Gegenteil, daß ich es mit einem geschichtswirksamen Geschehen zu tun habe. Unwichtige Texte wurden nicht bearbeitet. Zentrale Aussagen sind immer wieder aktualisiert worden. Auf Unstimmigkeiten und Brüche kann ich selbst aufmerksam werden. Bei der Suche nach Lösungsmöglichkeiten bin ich in der Regel auf Kommentare und Vorbereitungshilfen angewiesen.

In manchen Texten stoße ich nicht nur auf erläuternde oder aktualisierende Zusätze, sondern auf die redaktionelle Bearbeitung von Erzählvarianten über das gleiche Geschehen, die meistens aus ganz unterschiedlichen Situationen stammen. Mit Hilfe der exegetischen Literatur versuche ich die einzelnen Quellen festzustellen, sie zeitlich zu orten und die jeweilige Aussageabsicht herauszufiltern.

Die gefundenen Quellenschichten stellen mich vor ähnliche Aufgaben wie die synoptischen Texte im Neuen Testament. Doch was im Neuen Testament in den drei synoptischen Evangelien getrennt vorliegt und verglichen werden kann, muß bei anderen Texten, vor allem im Pentateuch, erst durch die literarkritische Analyse als je eigener Erzählstrang festgestellt werden. Der Vergleich der Quellenschichten läßt mich wie der synoptische Vergleich auf die spezifischen Eigenarten des zu untersuchenden Geschehens aufmerksam werden.

Schon jetzt prüfe ich erstmals, ob sich ein Erzählstrang für die spätere Unterrichtssituation besonders anbietet. Welchen ziehe ich vor? Welchen möchte ich aus bestimmten Gründen zurückstellen? Zumindest lohnt ein Blick in die Schulbibel und das Schulbuch. Welcher Text wird dort wiedergegeben? Wird harmonisiert? Wird eine Quelle bevorzugt?

Das Exodusgeschehen ist in manchen Schulbüchern spannungsvoll wie im biblischen Text wiedergegeben. In anderen wird der ältere jahwistische Bericht erzählt, in dem der Ostwind das Meer zurückhält und die Israeliten zusehen, wie die Ägypter dem zurückkehrenden Meer entgegenfliehen und umkommen. Wieder andere Bücher erzählen die priesterschriftliche Fassung, bei der die Israeliten mitten durchs Meer ziehen und die Wassermassen als meterhohe Mauern rechts und links darauf warten, über den nachfolgenden Ägyptern zusammenzubrechen. Schließlich gibt es auch Schulbücher, die beide Fassungen erzählen und auf die Unterschiede aufmerksam machen.

- *Welche sprachliche Gestalt hat der Text? Was verrät diese über Sprecher, Hörer und Situation?*

Die Antworten auf diese Fragen halten wir mit für die wichtigsten der ganzen exegetischen Arbeit. Die Bibel enthält unterschiedliche Textarten und verdeutlicht damit, daß wir von Gott auf sehr verschiedene Weise reden können. Viele Mißverständnisse sind darauf zurückzuführen, daß die spezifische Eigenart der Form eines Textes nicht oder zu wenig beachtet wurde.

Ein Bekenntnis ist nicht bloß eine Information. G. Lohfink, dessen Buch „Jetzt verstehe ich die Bibel" sehr gut in die Aufgaben der Formanalyse einführt, erläutert den Sachverhalt an einem treffenden Beispiel. In einer Karikatur läßt er eine Frau per Telefon dem Mann bekennen: „Ich liebe dich!" Er antwortet: „Ich nehme das zur Kenntnis."[6] Es bleibt offen, wie die Frau die Antwort aufnahm.
Es kann schlimme Folgen haben, wenn zwischen einem Bekenntnis und einer Information, zwischen einem Gleichnis und einem Bericht, einer Sage und einer historischen Schilderung, einem Weisheitsspruch und einer Liste nicht aufmerksam unterschieden wird.

Bei der Frage nach der Form des Textes suche ich zunächst wieder selbst nach der Antwort. Ich prüfe die Struktur des Textes, achte auf wiederkehrende Redewendungen, auffallende Merkmale, Schlüsselbegriffe, Situationshinweise etc. Ein Blick in die exegetische Literatur wird meine Vermutungen bestätigen, korrigieren, erweitern.
Kenne ich die Form, so kann ich daraus oft schon Rückschlüsse ziehen auf die Situation, in der diese Form gewöhnlich eingesetzt wurde, auf Absender und Adressaten. Die Sprech- und Hörsituation damals gewinnt immer mehr Gestalt. Immer präziser kann ich auch die Intention der Mitteilung formulieren und schließlich die Frage

6 G. Lohfink: Jetzt verstehe ich die Bibel. Ein Sachbuch zur Formkritik, Stuttgart, 1983[12], S. 37.

beantworten, wer wo wann wie zu wem was mit welcher Absicht sagt.

Bei diesem Arbeitsschritt können überraschende Antworten auf Fragen gefunden werden, die bisher das Verständnis blockierten. Wir haben von der Studentin berichtet, die bei der persönlichen Begegnung mit dem Himmelfahrtsgeschehen zuletzt vor lauter unlösbaren Fragen stand, sich dann aber neugierig auf die exegetische Arbeit einließ. Bei der formgeschichtlichen Untersuchung entdeckte sie, daß Lukas das Motiv und die Textform einer Entrückungsgeschichte aus der antiken Umwelt übernimmt, um auch Heiden den Zugang zur Auferstehungsbotschaft zu ermöglichen. Viele ihrer Fragen finden hier die Lösung. Das Geschehen, das sie jetzt in den Blick bekommt, ist nicht mehr allein die Himmelfahrt Jesu, sondern zugleich die Predigt des Lukas.

Bei der Analyse der Sprech- und Hörsituation damals habe ich mehr oder weniger bewußt auch immer schon die Sprech- und Hörsituation im Blick, auf die ich mich vorbereite. Erkenne ich Ähnlichkeiten? Ist die Situation völlig anders?
Auf alle Fälle gewinne ich bei der Analyse wichtige Informationen dafür, wie ich das im Text überlieferte Geschehen im Unterricht darbieten könnte und wie ich es auf keinen Fall darbieten darf.

Habe ich herausgefunden, daß es sich im Text um ein Gleichnis handelt, so kann ich dies nicht erzählen, als handele es sich um ein historisches Geschehen. Lieder und Hymnen kann ich nicht erzählen, also auch nicht den Schöpfungshymnus aus 1. Mose 1. Legenden werde ich so erzählen, daß die Schüler sie nicht mit historischen Schilderungen verwechseln. Rahmenerzählungen sind hierfür eine gute Möglichkeit.

• *Welche Begriffe und Sachzusammenhänge fordern grundsätzlichere Überlegungen?*

Bei der Begriffsanalyse beschränke ich mich auf relevanzverdächtige Begriffe. Nur in seltenen Fällen werde ich die Zeit finden, mit Hilfe einer Konkordanz selbst das Umfeld zu ergründen, in dem die einzelnen Begriffe auftauchen, um so auf ihre Bedeutung und auch auf den Bedeutungswandel rückschließen zu können. Theologische Wörterbücher und einschlägige Kommentare helfen weiter. Ich bemühe mich, Begriffe nicht zu definieren, sondern das konkrete Leben zu entdecken, das sich hinter den Begriffen verbirgt. Nochmals: Ich will „in den Höfen der Begriffe spazieren gehen". Begriffe sind meistens extreme Reduktionen vielfältigen Lebens und haben ihre ursprüngliche Anschaulichkeit oft verloren. Diese gilt es zu erschließen.

Die Frage nach dem Umfeld und der Herkunft von Begriffen und Motiven lenkt meine Aufmerksamkeit auf die Religions- und Traditionsgeschichte. Warum werden Begriffe und Motive aus anderen Kulturen und anderen Situationen übernommen? Wie werden sie verändert? Die Klärung der Sachfragen, der Angaben zu Personen und Orten trägt dazu bei, daß das überlieferte Geschehen vor meinem inneren Auge Gestalt gewinnt. Dies ist nicht zuletzt auch dafür wichtig, daß ich später anschaulich erzählen kann.

> Was kann ich über die handelnden Personen erfahren? Wie weit sind die erwähnten Orte voneinander entfernt? Kann ich mir die Gegend vorstellen, in der David sich vor Saul versteckte? Wie sah das Salbhorn aus, das der Prophet aus seinem Mantel nahm? Wie muß ich mir den Palast vorstellen, in dem Saul in Gibea residierte? Wie den Tempelvorhof, aus dem Jesus die Händler und Wechsler vertrieb? Wer waren sie?

Erst wenn die Begriffe lebendig geworden und die Sachfragen geklärt sind, versuche ich, mit meinen eigenen Worte das Geschehen nachzuerzählen, den „Film“, der sich im Laufe der Arbeit in mir vom Geschehen entwickelt hat, zu verbalisieren.

- *Wie fasse ich den exegetischen Ertrag zusammen?*

Das bisher Erarbeitete wurde traditionell in einem „Skopus“ zusammengefaßt. Die „Spitze des Textes“, seine Aussageabsicht, war möglichst in einem Satz zu formulieren. Eine solche Zusammenfassung ist nötig. Sie fördert die exakte Arbeit. Aber auf die klassische Form des Skopus verzichten wir. Wir stellen stattdessen im Blick auf das im Text überlieferte Geschehen nochmals die Fragen, die wir bereits bei der Zusammenfassung des Ertrags der persönlichen Begegnung mit dem Text als Ordnungsstruktur angeboten hatten.

Im Blick auf das im Text überlieferte Geschehen frage ich einerseits:

- *Welche Einblicke und Vorstellungen will der Autor seinem Gegenüber vermitteln?*
- *Welche Empfindungen und Einstellungen spricht er an?*
- *Welche Verhaltensweisen will er beeinflussen?*

Ich frage andererseits:

- *Knüpft der Autor bei seinem Gegenüber an vorhandene Erfahrungen an?*

- *Will er neue ermöglichen?*
- *Setzt er sich mit Widerständen auseinander?*

Oft muß ich auf verschiedenen Ebenen so fragen. Ich frage die Personen im Text und die Autoren des Textes, der Ergänzungen und der einzelnen Erzählstränge. Es kann sein, daß sie an vorhandene Erfahrungen anknüpfen oder in veränderter Situation mit Widerständen rechnen und sich damit auseinandersetzen.

Im Vergleich zum traditionellen Skopus ermöglichen diese Fragen eine Zusammenfassung, die nicht engführt und unter Hervorhebung eines zentralen Aspekts andere ausblendet.

Fast alle biblischen Texte können unter ganz verschiedenem Blickwinkel betrachtet und meditiert werden. F. Eberle vergleicht die Texte mit einem Kristall, der, von verschiedenen Seiten betrachtet, immer wieder anders aussieht und doch der gleiche Kristall bleibt. Die angebotenen zusammenfassenden Fragen weisen auf die Vielfalt biblischer Texte hin, die „didaktische Variationen" ermöglichen. Vgl. F. Eberle: Didaktische Variationen. Grundmodelle erfahrungsbezogenen Religionsunterrichts, München 1986.

Die Zusammenfassung anhand der Ordnungsstruktur der im ersten Schritt ausgeführten Fragen hat zwei weitere Vorteile. Sie ermöglicht zum einen den Vergleich der Ergebnisse der exegetischen Arbeit mit dem Ertrag der vorausgegangenen persönlichen Begegnung. Zum andern öffnet die darin enthaltene religionspädagogische Komponente bereits Perspektiven für die spätere didaktische Arbeit. Es wird nicht schwerfallen, auf die exegetischen Erkenntnisse zurückzugreifen.

Doch bevor ich mich der didaktischen Orientierung zuwende, würdige ich theologisch den exegetischen Ertrag und frage nach den weiteren Wirkungen des im Text überlieferten Geschehens auf Kirche und Gesellschaft durch die Jahrhunderte.

- *Sind Aspekte der Wirkungsgeschichte*[7] *des Textes zu berücksichtigen?*

---

7 Der Begriff „Wirkungsgeschichte" wird gewöhnlich enger gefaßt. Wir verstehen hier im weiteren Sinn unter Wirkungsgeschichte alle Auswirkungen, die das im Text überlieferte Geschehen hatte, auf andere biblische Autoren, auf einzelne oder Gruppen in der Kirche und Gesellschaft, auf Literatur und Kunst, auf theologische und kirchliche Verlautbarungen etc.

Die Antwort auf diese Frage fällt manchem Studienanfänger noch schwer. Er flüchtet sich dann gern in wenig hilfreiche Verallgemeinerungen.

Ein Student hatte die Geschichte von Maria aus Magdala (Joh 20, 11–18) exegesiert. Das Verhältnis des im Text überlieferten Geschehens zum gesamtbiblischen Zeugnis beschrieb er u.a. so: Die Osterbotschaft ist im Neuen Testament wichtig. Auch Johannes will die Auferstehungsbotschaft nahebringen und zeigen, daß Jesus auch heute noch gegenwärtig ist und wir seine Kinder sein dürfen. Die Ostererzählungen sollen die Menschen motivieren, sich auf den Glauben an den Auferstandenen einzulassen ...

Verallgemeinernde Aussagen über „die Ostererzählungen" helfen kaum weiter. Bei der Frage nach dem Verhältnis zum gesamtbiblischen Zeugnis geht es um die beiden oben (vgl. S. 31) angeführten Fragen, der nach den besonderen Akzenten im Vergleich zu ähnlichen biblischen Aussagen und der nach dem Gewicht des Textes im Vergleich mit dem übrigen biblischen Zeugnis.

Zu beiden Fragen hätte bei dem exegesierten Text Joh 20, 11–18 einiges ausgeführt werden können. Neben den Erzählungen vom leeren Grab gibt es die Osterbotschaft in Erscheinungsgeschichten. Wo liegen die Akzente? Wie ist das Verhältnis zueinander? Welches Gewicht kommt den einen, welches den anderen Erzählungen zu?

Es geht zum einen darum, die Besonderheit des im Text überlieferten Geschehens herauszustellen, um Verallgemeinerungen zu vermeiden. Zum andern ist im Vergleich mit ähnlichen, ergänzenden oder konträren Aussagen das Gewicht des bearbeiteten Textes im biblischen Kontext zu prüfen.

Die Erzählungen von Sauls Verwerfung haben im gesamtbiblischen Kontext sicher ein anderes Gewicht als die vom Exodusgeschehen, und die Erzählungen, in denen der Auferstandene den Frauen und Jüngern erscheint, ein anderes als die vom leeren Grab.

Die Antwort auf die Frage nach dem Verhältnis zum gesamtbiblischen Zeugnis hilft, daß ich das überlieferte Geschehen richtig akzentuiere und weder über- noch unterbewerte. Nicht jedes in biblischen Texten überlieferte Geschehen hatte gleiche Bedeutung und ähnliche Wirkungen.

Um die Auswirkungen des überlieferten Geschehens geht es bei der folgenden Frage:

- *Wo und wie hat der Text weitergewirkt?*

Bis zur Kanonisierung des Textes haben entscheidende Impulse, die von dem im Text überlieferten Geschehen ausgingen, auf den Text zurückgewirkt. Manche kann ich als Einschübe und Ergänzungen identifizieren. Die Texte wurden nicht kanonisiert, um sie ein für allemal zu konservieren. Sie sind wirksam geblieben. Das in ihnen überlieferte Geschehen konnte unter neuen Umständen überraschend neue Gestalt annehmen und aktuelle Konsequenzen provozieren. Da der biblische Glaube „nicht nur schrift- und buchbezogen, sondern vor allem geschichtsbezogen" ist[8], will ich diesen Wirkungen in der Geschichte der Kirche und darüber hinaus nachspüren. Bei einzelnen Texten liegen die Wirkungen auf der Hand. Bei anderen fällt mir kaum etwas ein. Werde ich fündig, so können die Spuren wichtige Hinweise für den zu planenden Unterricht sein.

Die in der Übersicht angegebenen Fragen (vgl. S. 31) haben Impulscharakter. Sie wollen zum Suchen einladen. Ich werde nicht zu jeder Frage Antworten finden. Bei manchen Texten kann ich mit meinem Wissen im Rückblick kaum noch Wirkungen erkennen. Es lohnt sich dennoch, sich auf sie einzulassen. Vielleicht sprechen sie heute neu. Bei anderen sind die Auswirkungen offensichtlich. Das zeigt mir, wie das Geschehen weiterwirkte, und eröffnet vielleicht Zugänge zu der zu planenden Unterrichtseinheit.

- *In welchem größeren theologischen Kontext steht für mich die Aussage des Textes?*

Christlicher Glaube gründet nicht auf komplizierten Theorien. Als Christen berufen wir uns letztlich nur auf einige wichtige Einsichten und leben von wenigen zentralen Grunderfahrungen des Glaubens. Es geht nicht darum, daß exegetisch-systematische Arbeit dem Grundbestand unseres Glaubens ständig neue Erkenntnisse hinzufügt. Wir fragen vielmehr danach, inwiefern der Ertrag der exegetischen Arbeit die größeren theologischen Zusammenhänge betrifft.

Ich frage mit drei Zielrichtungen. Einmal prüfe ich, inwiefern das im Text überlieferte Geschehen mich persönlich in meinem Glauben angeht. Ohne persönlichen Haftpunkt bleibt Exegese meist leeres Stroh. Zum zweiten prüfe ich auf der Suche nach prägenden Sprach- und Deutemustern christlichen Glaubens, ob mir der Text weiterhelfen kann, vorhandene veranschaulicht, füllt, korrigiert oder neue anbietet. Schließlich frage ich, ob meine Interpretation des Textes der Lehre der Kirche entspricht, der ich angehöre und in deren Mitte ich gemeinsam mit anderen unterrichte. Stelle ich Unterschiede fest, so suche ich nach den Ursachen und prüfe, ob ich meine Position aufrechterhalten kann.

Die Schüler haben immer wieder mit neuen Lehrpersonen zu tun. Sie sind darauf angewiesen, daß auch ein anderer Lehrer mit seinen eigenen

8 H. D. Preuß, Das Alte Testament in christlicher Predigt, Stuttgart 1984, S. 52.

Überzeugungen und Einstellungen früher Erarbeitetes und Gelerntes bestätigt, befestigt und vertieft.
Gerade weil uns in den evangelischen Kirchen die Pluralität theologischer Überzeugungen nicht erspart wird, sind unsere Schüler darauf angewiesen, daß sie sich in dieser Pluralität der theologischen Meinungen zurechtfinden können und daß ungeachtet der Verschiedenheiten sich Glauben in wiederkehrenden Zeichen, Strukturen und Erfahrungen äußert. Deshalb prüfe ich, ob ich meine Aussage in der Glaubensgemeinschaft meiner Kirche verantworten kann.

Studierenden fehlt für diese Fragestellung manchmal noch der theologische Überblick. Doch allein der stets neue Versuch, in der täglichen theologischen Arbeit nach elementaren Glaubensaussagen zu suchen, das in ihnen verborgene Geschehen zu erschließen und sich darin wiederzufinden, führt dazu, daß ich meinen Glauben auch immer deutlicher aussagen und meine Sprach- und Deutemuster am Bekenntnis meiner Kirche orientieren kann.

Abschließend prüfe ich, wie sich die Ergebnisse der exegetisch-systematischen Arbeit zum Ertrag meiner persönlichen Begegnung mit dem Text verhalten. Was hat die theologische Orientierung verändert? Welche bestätigenden, ergänzenden oder korrigierenden Hinweise kann ich ihr entnehmen?
Stimmt das Ergebnis der Exegese weithin mit dem überein, was mir in der persönlichen Begegnung bewußt geworden war, so prüfe ich nochmals, ob ich gründlich genug gearbeitet habe. Stelle ich große Unterschiede fest, so frage ich nach den Ursachen.

Ich bin persönlich dem im Text überlieferten Geschehen begegnet. Ich habe untersucht, was der Text bei seinen ersten Hörern erreichen wollte und wie er später weiterwirkte. Jetzt prüfe ich, wie er heute – in meiner Klasse – weiterwirken möchte.

III. DIDAKTISCHE ORIENTIERUNG

Bei diesem Schritt geht es noch nicht um konkrete Entscheidungen. Ich möchte eine Begegnung vorbereiten zwischen dem im Text überlieferten Geschehen und den Schülern meiner Klasse. Sowohl das im Text überlieferte Geschehen als auch die Lebenswirklichkeit meiner Schüler sind sehr vielschichtig. Auf welcher Ebene könnte eine Begegnung sinnvoll sein? Ich bin auf Vermutungen angewiesen.

Die Begegnung selbst kann ich aus pädagogischen und theologischen Gründen nicht letztgültig planen. Es ist pädagogisch nicht zu verantworten, daß ich bei meiner Vorbereitung gleichsam „im Sandkasten durchspiele“, wie ich mich im „schulischen Ernstfall“ mit meinen Absichten durchsetze. Meine Vorarbeit und der Versuch, mich in die Situation der Schüler zu versetzen, dem Text aus ihrer Lebenswirklichkeit heraus zu begegnen, dürfen nicht dazu dienen, im Unterricht die Schüler besser manipulieren zu können. Dies käme pädagogischem Imperialismus gleich. Die Gefahr hierfür ist im Unterricht stets gegeben.

Ich kann die Begegnung auch aus theologischen Gründen nicht bis ins Letzte planen. Ich kann sie vorbereiten. Ob es allerdings zu einer Begegnung kommt und ob diese gelingt, ist religionspädagogisch nicht planbar. Die Bibel spricht hier von Gnade.

Weil ich Text und Schüler kenne und davon überzeugt bin, daß sich beide in einer Begegnung etwas zu sagen haben, möchte ich zu einer Begegnung einladen. Das Risiko ist zu groß, unvorbereitet ins Klassenzimmer zu kommen und darauf zu hoffen, daß sich eine Begegnung ereignet. Deshalb muß ich Wege suchen, die zu einer Begegnung führen könnten. Da es fast immer mehrere gibt, muß ich nach den geeigneten Ausschau halten.

Die Partner, die sich begegnen sollen, muß ich in meine Überlegungen einbeziehen. Dem Text bin ich bereits begegnet. Ich kenne ihn und habe seine Absicht erforscht. Jetzt wende ich mich den Schülern zu und vergegenwärtige mir ihre Situation. Erst dann kann ich prüfen, welches Begegnungsfeld sinnvoll sein könnte. Ich frage:

Was weiß ich über meine Schüler?

Klassenlehrer haben es gut. Sie kennen ihre Schüler über lange Zeit. Aus vielen Beobachtungen und Schüleräußerungen haben sie sich ein Mosaikbild über die Lebenswirklichkeit ihrer Schüler zusammengesetzt, das sie ständig ergänzen und korrigieren. Das hilft ihnen, wenn sie RU erteilen. Fachlehrer erleben die Schüler seltener, immerhin aber in Situationen, in denen sie verhältnismäßig viel über sich und ihre Situation berichten. Im Gespräch mit dem Klassenlehrer können sie sich vertiefte Einblicke verschaffen.

Wer in der Lernphase eine Unterrichtseinheit vorbereitet, hat es schwer, sich ein einigermaßen konkretes Bild von der Lebenswirklichkeit der Schüler zu verschaffen. Er kennt die Klasse, für die er

Unterricht plant, bestenfalls aus einigen Hospitationsstunden. Er fängt erst damit an, Beobachtungen mit angeeignetem Wissen zu verknüpfen. Auch ihm helfen Gespräche mit Klassen- und Fachlehrer weiter. Sie reichen aber nicht aus, um sich richtig in die Situation der Schüler hineinversetzen zu können. Für die Planung ist es aber wichtig, möglichst genau zu wissen, was in der Begegnung mit dem Text bei den Schülern alles mitschwingt, wo das im Text überlieferte Geschehen ihre Lebenswirklichkeit berührt und was sie in der Begegnung lernen könnten. Was der Praktiker aufgrund seiner Lebenserfahrung weiß und vielfältigen Beobachtungen entnimmt, was er sich über einen längeren Zeitraum aneignet, wenn er mit dem neuen Schuljahr eine neue Altersstufe übernimmt, das alles muß der Anfänger für die eine zu planende Unterrichtseinheit kurzfristig zusammentragen. Einige Möglichkeiten, zu hilfreichen Informationen zu gelangen, haben wir in der Übersicht (vgl. S. 32) angedeutet.

Es hilft, wenn ich wieder bei mir selbst anfange. Kann ich mich daran erinnern, was mich beschäftigte, als ich im Alter meiner Schüler war? Bilder oder Tagebuchaufzeichnungen aus jener Zeit sind eine gute Brücke. Vielleicht leben meine Schüler in anderen Situationen? Dann hilft mir die bewußte Erinnerung an meine Kindheit, daß ich meine Einstellungen und Empfindungen von damals nicht unbewußt auf die heutigen Schüler übertrage.

Ich beobachte Kinder und Jugendliche des entsprechenden Alters in meiner Umgebung. Nicht selten werde ich feststellen, daß sie mir wesentlich kindlicher und verspielter vorkommen als die gleichaltrigen in der Schulbank. Ich werde also darauf achten, die Schüler nicht zu überfordern. Womit beschäftigen sich die Kinder und Jugendlichen? Was lesen sie? Welche Fernsehsendungen sehen sie gern? Wo halten sie sich bevorzugt auf?

Wichtige Informationen über die Situation der Schüler, ihre Lebens- und Sozialgeschichte, ihr Elternhaus, über prägende Einflüsse etc. kann ich vom Lehrer und Fachlehrer erhalten. Sie haben Einblick in die Schülerbögen. Ich weiß, daß ich mit solchen Informationen sehr vertraulich umgehen muß. Bei vielen Texten und Themen bin ich aber darauf angewiesen, mehr zu wissen, als ich in der zur Verfügung stehenden Zeit selbst beobachten konnte.

> Bei einer Unterrichtseinheit über „Die Auferstehungsbotschaft als Hoffnung für Sterbende“ beispielsweise ist es wichtig zu wissen, ob in den Familien meiner Schüler kürzlich jemand gestorben ist.

Eine weitere Informationsquelle, auf die ich in der Lernphase zurückgreife, ist die einschlägige Fachliteratur. Ich finde dort zwar keine konkreten Hinweise, aber doch Orientierungsdaten über die entwicklungs-, lern-, sozial- und religionspsychologischen Voraussetzungen des entsprechenden Alters.[9]

Die beste Informationsquelle aber ist die Klasse selbst. Meine Beobachtungen in der näheren Umgebung und die Erkenntnisse meines Literaturstudiums werde ich mit der Situation in der Klasse vergleichen, um zu möglichst konkreten Vorstellungen zu kommen. Fehlt für meine Vorarbeit noch eine wichtige Information, die ich vom Klassen- oder Fachlehrer auch bei gezielter Nachfrage nicht erhalten konnte, so werde ich die Unterrichtseinheit so planen, daß ich sie von den Schülern selbst erfahren kann.

Ich soll für eine 5. Klasse eine Unterrichtseinheit über „Gottesvorstellungen und ihre Auswirkungen auf die persönliche Lebensgestaltung" vorbereiten. Welche Gottesvorstellungen bringen meine Schüler mit? Lehrer und Literatur helfen nur bedingt weiter. Ich plane einen Einstieg, bei dem ich möglichst viel über die Gottesvorstellungen meiner Schüler erfahre. Ich betrachte mit ihnen ein entsprechendes Bild und höre auf ihre Kommentare. Ich lasse sie ihre Gottesvorstellungen malen ...

Habe ich die Aussageabsicht des Textes und die Lebenswirklichkeit der Schüler analysiert, so kann ich mich erfolgversprechend um die didaktische Orientierung bemühen. Ich frage zunächst:

Was könnte bei meinen Schülern mitschwingen, wenn sie dem Text begegnen?

Ich simuliere gleichsam Begegnungen zwischen dem im Text überlieferten Geschehen und den Schülern. Wie ich in der persönlichen Begegnung selbst dem Text begegnete, so begegne ich ihm jetzt stellvertretend für die Schüler. Alle dort angegebenen Fragen können auch hier weiterhelfen. Es geht um stellvertretende Hypothesenbildung. Ich bin mir stets bewußt, daß es sich um eine fiktive Begegnung handelt, die nur Vermutungen erlaubt.

Ich bleibe auf alle Fälle eng beim Text und eng bei den Schülern meiner Klasse. Es interessiert mich weniger, was bei den Schülern

9 Ein wirklich hilfreiches Buch hierfür fehlt noch. Am ehesten helfen folgende Veröffentlichungen weiter: R. Oerter/L. Montada u.a., Entwicklungspsychologie, München 1982; R. H. Gagné, Die Bedeutung des menschlichen Lernens, Hannover 1975[4]; B. Grom, Religionspädagogische Psychologie, Göttingen/Düsseldorf 1981.

generell mitschwingt, wenn sie biblischen Texten begegnen, sondern was in diesem konkreten Fall zu erwarten ist. Umgekehrt ist weniger wichtig, was irgendwelche Kinder oder Jugendliche zum Text meinen, sondern wie wohl meine Schüler reagieren werden. Sie müssen in dieser Phase möglichst konkret vor meinen Augen sein. Ihre Assoziationen und Fragen, bedingt durch ihre persönliche Entwicklung, ihre soziale Umwelt, das, was sie gelernt oder nicht gelernt haben, möchte ich bei meiner Planung berücksichtigen.

Die von der Lerntheorie beeinflußte Didaktik der „Berliner Schule“ spricht hier von den „Bedingungsfeldern“, die bei der Unterrichtsvorbereitung zu berücksichtigen sind, und unterscheidet „anthropogene“ und „soziokulturelle“ Voraussetzungen, also anthropologisch-psychologische und situativ-sozialkulturelle Gegebenheiten. Bei den letzteren werden auch die individuelle Situation, die Klassen- und Schulsituation, schichtspezifische Probleme und Zeitströmungen berücksichtigt.[10]

Zusätzlich zu den auf S. 33 genannten Fragen könnte hier noch weitergefragt werden: Welche Voraussetzungen für die Begegnung sind bei den Schülern aufgrund des vorausgegangenen Unterrichts, der Erfahrungen im gemeindlichen Bereich oder in der primären Sozialisation zu vermuten? Was wissen sie schon? Welche Haltungen nehmen sie ein? Welche sind aufgrund der schichtspezifischen, regionalen oder geschlechtsspezifischen Sozialisation oder unterschiedlicher schulischer Voraussetzungen, wie sie häufig in der Berufsschule vorkommen, nicht bei allen Schülern gegeben? Spricht der Text die konkreten Abhängigkeitsverhältnisse an, in denen sich die Schüler befinden? Wie werden diese durch das im Text überlieferte Geschehen qualifiziert? Welche Chancen eröffnet diesbezüglich das Geschehen den Schülern? Vor welche Schwierigkeiten stellt es sie?[11] Je konkreter der Schüler mit seiner Lebenswirklichkeit vorkommt, desto intensiver wird er sich auf die Begegnung einlassen können.

Wir haben oben (vgl. S. 33) u.a. gefragt, welche Alltags-, Grund- oder Glaubenserfahrungen der Schüler bei der Begegnung berührt werden könnten. Wir beziehen uns dabei auf den von K. E. Nipkow beschriebenen „Erfahrungszirkel“, in dem Alltags-, Grund- und Glaubenserfahrungen

---

10 Vg. P. Heimann / G. Otto / W. Schulz, Unterricht. Analyse und Planung, Hannover 1965.

11 Auch die von W. Schulz eingeführte Unterscheidung von Sach-, Gefühls- und Sozialerfahrung kann zu weiteren Fragen veranlassen. Welche der drei Bereiche wird durch das im Text überlieferte Geschehen berührt?
Vgl. W. Schulz, Unterrichtsplanung, München u.a. 1980^2, S. 17.

wechselseitig aufeinander bezogen sind. Die eine Erfahrung kann sich aus der anderen entwickeln und umgekehrt die andere qualifizieren.[12]

Die zweite Frage im Rahmen der didaktischen Orientierung zielt auf mögliche Lernfelder:

Was können meine Schüler in der Begegnung mit dem Text lernen?

Jetzt sollen die verschiedenen Bereiche, die durch das im Text überlieferte Geschehen berührt werden, die Lebenswirklichkeit meiner Schüler und ihre vermuteten Reaktionen so aufeinander bezogen werden, daß dabei Lernfelder deutlich werden, auf denen gemeinsam gearbeitet werden könnte.

Nochmals mache ich mir bewußt, welche Gefahr darin besteht, daß ich eigene Betroffenheit oder eigene Interessen als Lernziele formuliere und mit der mir zur Verfügung stehenden Methodenkompetenz Unterrichtsprozesse plane, die die Schüler vergewaltigen. Ich frage bewußt danach, was die Schüler mit ihrer Lebens- und Sozialgeschichte für ihre Situation in der Begegnung lernen könnten. Meine Betroffenheit und meine Interessen brauche ich dabei nicht zu verleugnen. Ich muß sie nur offen eingestehen und verantworten.

Ich suche nach Lernmöglichkeiten für meine Schüler. Meine didaktische Kreativität ist jetzt gefragt. Spielerisch gehe ich zunächst mit den verschiedenen Ideen um, bis sich einzelne zu konkreten Möglichkeiten verdichten.

Als Suchhilfe haben wir für diese kreative Phase die Fragen angeboten, die wir schon bei der Zusammenfassung des Ertrags der persönlichen Begegnung (vgl. S. 29f) und der Ergebnisse der exegetischen Arbeit (vgl. S. 31) eingeführt haben. Sie werden jetzt wechselseitig aufeinander bezogen. Später werden die in den Fragen angesprochenen Aspekte nicht immer klar voneinander zu trennen sein. Einsichten und Vorstellungen sind mit Empfindungen verbunden und können auf Verhalten zielen. Wo ich Neues anbahnen möchte, muß ich vielleicht zuerst Vorhandenes klären, kann dabei aber auch auf Widerstände stoßen. Trotz dieser Verflechtungen achten wir hier besonders auf die Akzentuierungen: Sollen in der Begegnung vorrangig vorhandene Erfahrungen geklärt, zugeordnet und profiliert wer-

12 K. E. Nipkow, Grundfragen der Religionspädagogik, Band 3: Gemeinsam leben und glauben lernen, Gütersloh 1982, S. 88ff.

den? Soll es darum gehen, Neues anzubahnen, den Schüler nicht nur erleben zu lassen, wie er ist, sondern auch, wie er im Lichte des Evangeliums sein könnte? Sollen die vermuteten Widerstände ins Zentrum des Lernprozesses gestellt werden? Wenn ich diese drei Möglichkeiten auf die kognitiven, affektiven und verhaltensorientierten Bereiche anwende, ergeben sich neun Felder, in denen ich nach Lernmöglichkeiten suchen kann.

Bereiche / Umgang mit den Bereichen	Einsichten, Vorstellungen von Gott, Glaube etc.	Empfindungen, Einstellungen	Verhaltensmöglichkeiten
klären, ordnen, profilieren			
vorstellen, anbahnen			
an Widerständen arbeiten			

Die angebotene Suchhilfe soll den kreativen Prozeß nicht einengen. Es ist keinesfalls nötig, für jedes Feld eine Lernmöglichkeit zu finden. Die neun Felder haben eine doppelte Funktion. Zum einen eine heuristische: Wie mit einer Wünschelrute gehe ich über die einzelnen Felder hinweg und warte auf den Ausschlag, auf die zündende Idee. Zum anderen haben sie eine ordnende Funktion: Sie ermöglichen es, Ideen, die ich bisher hatte, einzelnen Feldern zuzuordnen. Auf diese Zuordnung werde ich zurückkommen, wenn es darum geht, den Lernweg für eine konkrete Lernmöglichkeit zu planen. Unterricht, der Vertrautes profilieren soll, wird beispielsweise anders verlaufen als der, in dem es gilt, an Widerständen zu arbeiten.[13]

---

13 Die Kriterien, die W. Klafki bei der „didaktischen Analyse" (vgl. W. Klafki, Studien zur Bildungstheorie und Didaktik, Weinheim 1965, S. 135ff.) zur Planung von Unterrichtszielen anwendet, können bedingt auch bei der Suche nach Lernmöglichkeiten in unserem Sinn hilfreich sein. Er fragt, inwiefern durch den Inhalt exemplarisch gelernt werden kann, welche Bedeutung er für die Gegenwart oder Zukunft des Schülers hat, welche Möglichkeiten sich aus der Struktur des Inhalts ergeben und was am Inhalt besonders anschaulich ist. Klafki orientiert sich allerdings zu einseitig am Lerngegenstand. So lassen sich mit dem Kriterium „Zukunftsbedeutung" auch Lernmöglichkeiten rechtfertigen, die den Schüler momentan überhaupt nicht betreffen.

F. Eberle bietet weitere Lernfelder an, auf denen nach Lernmöglichkeiten gesucht werden kann. Er fragt nach Möglichkeiten im Bereich elementarer Erfahrungen mit sich selbst und mit anderen, im Erfahrungsbereich der Erscheinungsformen des christlichen Glaubens, seiner Vorstellungen, Erwartungen und Wertungen einerseits und der darin gründenden Handlungen, Aktionen und Institutionen andererseits und schließlich im Erfahrungsbereich der uns heute umgebenden Wirklichkeit.[14]

Aus den gesammelten und geordneten Lernmöglichkeiten gilt es jetzt im Vorfeld der didaktischen Entscheidungen die in der bestimmten Lernsituation besonders geeignete auszuwählen. In der Regel werde ich mich für eine Lernmöglichkeit entscheiden. Ich prüfe, ob ich andere Lernmöglichkeiten der ausgewählten zuordnen kann. Manche setzen einander voraus, andere stehen in einem engen Zusammenhang. Ich achte aber auf die Trennschärfe, damit ich klar beschreiben kann, was ich in der Unterrichtseinheit erreichen will.

Schließlich frage ich im Vorfeld der didaktischen Entscheidungen:

Inwiefern beeinflußt die vorgegebene Lernsituation die zu treffenden Entscheidungen?

Zunächst scheide ich die Lernmöglichkeiten aus, die in der gegebenen Lernsituation aus den genannten Gründen (vgl. S. 34) sich als nicht oder schwer durchführbar erweisen. Dabei soll die Berufung auf unüberwindliche Schwierigkeiten, die ich selbst verspüre, kein Freibrief für unbegrenzten Subjektivismus sein. Ich werde mich nur im Extremfall darauf berufen.

Die Frage nach den naheliegenden Lernmöglichkeiten führt mich zur Entscheidung für die Lernmöglichkeit, die ich mit den Schülern gemeinsam ergreifen möchte. Die Entscheidung für eine bestimmte Möglichkeit schließt andere aus. Dies mache ich mir bewußt, um den Unterrichtsprozeß nicht zu sehr zu befrachten.

IV. DIDAKTISCHE ENTSCHEIDUNGEN

Die in den ersten drei Schritten gesammelten Informationen, Assoziationen und planerischen Einfälle sind jetzt auf ein überschaubares Maß zu reduzieren. Wir haben uns am Ende der didaktischen Orientierung für eine Lernmöglichkeit entschieden. Jetzt sind die konkre-

---

14 Vgl. F. Eberle, Didaktische Variationen. Grundmodelle erfahrungsbezogenen Religionsunterrichts, München voraussichtlich 1986.

ten Entscheidungen für die Unterrichtseinheit zu treffen. Das Ordnungsschema der „Berliner Schule"[15] hat sich allgemein durchgesetzt. Wir übernehmen es und sprechen von vier „Entscheidungsfeldern".

Ich entscheide mich unter Berücksichtigung aller Vorgaben

- *für bestimmte Lernziele,*
- *für bestimmte Inhalte,*
- *für bestimmte Aktions- und Sozialformen und*
- *für bestimmte Medien.*

Wir wollen im gesteckten Rahmen Entscheidungen für eine Unterrichtseinheit treffen. Diese Einheit steht nicht isoliert da. Es geht Unterricht voraus, und es folgen weitere Einheiten nach. Bei der Entscheidung sind die Richtziele für das Schuljahr und die Ziele für die größere Einheit, der die zu planende Einheit zugeordnet ist, zu berücksichtigen. Im zweiten Teil des Buches wird dies ausführlich dargestellt. Vgl. S. 177ff.

In der Lernphase wird dem Studierenden in der Regel vom verantwortlichen Religionslehrer der Klasse, für die er plant, nicht nur eine Unterrichtseinheit übertragen, sondern es werden auch Ziel und Inhalt vorgegeben. Der Lehrer hat diese unter Berücksichtigung der Vorgaben des Lehrplans und seiner eigenen Planung der größeren Einheit formuliert. Dieses Ziel muß der Studierende in seine weiteren Überlegungen einbeziehen. Er wird sich beim Lehrer nach der Zuordnung erkundigen und überprüfen, in welchem Zusammenhang es im Lehrplan auftaucht. Einfach ist es für den Studierenden, wenn seine Vorüberlegungen ihm ermöglichen, das vorgegebene Ziel unverändert zu übernehmen. Er muß es dann nur noch begründen und beschreiben. Oft wird es nötig sein, aufgrund der vorausgegangenen Arbeit das Lernziel zu konkretisieren oder zu modifizieren. Lernziele sind grundsätzlich Möglichkeiten. Begründet und nach Rücksprache mit dem verantwortlichen Lehrer dürfen sie verändert werden, soweit die verbindlichen Vorgaben des Lehrplans dadurch nicht berührt sind.

Damit die Entscheidungsprozesse für den Anfänger transparent werden, gehen wir im folgenden von einer Situation aus, in der die Ziele aufgrund der bisherigen Vorarbeit erst noch auszuwählen sind.

Die Entscheidungen stehen in einem unauflöslichen Verhältnis wechselseitiger Abhängigkeit. In der Praxis fallen die Entscheidungen nicht immer in der dargestellten Reihenfolge und lassen sich vor allem nicht klar voneinander trennen. Die Entscheidung für be-

15 P. Heimann / G. Otto / W. Schulz, Unterricht. Analyse und Planung, Hannover 1965.

stimmte Inhalte wirkt sich auf die Ziele aus, die für bestimmte Medien bringt gegebenenfalls neue Inhalte ins Spiel. In der Lernphase ist es hilfreich, die einzelnen Entscheidungsfelder nacheinander zu bearbeiten, ohne die wechselseitige Abhängigkeit dabei zu übersehen. Was in komplexen Entscheidungsprozessen abläuft, läßt sich nur in getrennten Schritten darstellen. Dies ist dann zu beachten, wenn die Unterrichtsvorbereitung schriftlich fixiert werden soll.

LERNZIELE

Die zentrale Frage der Unterrichtsvorbereitung lautet: Was soll im Unterricht erreicht werden?
Die umfangreiche Diskussion über die Notwendigkeit von Lernzielen, über die verschiedenen Versuche, Lernziele zu beschreiben, und über die Bedeutung von Lernzielen im religionspädagogischen Bereich kann im Rahmen dieser Erläuterungen auch nicht annähernd dargestellt werden. Wir greifen weithin auf die übliche Terminologie zurück, setzen notwendige Akzente und verweisen im übrigen auf die einschlägige Literatur.[16]

Ich habe im Vorfeld der didaktischen Entscheidungen verschiedene Lernmöglichkeiten geprüft und mich entschieden, welche ich aufgreifen will. Ich präzisiere jetzt, welche Ziele ich konkret verfolgen möchte.

> *Welche Ziele sollen meine Schüler in der zu planenden Unterrichtseinheit erreichen?*
> *Ich begründe meine Entscheidung.*

16 Vgl. die entsprechenden pädagogischen und religionspädagogischen Handbücher; eine praxisbezogene Einführung, die den Lernzielansatz aufnimmt, die Chancen und Schwächen aufzeigt und Konsequenzen für das Handeln in der Schule darstellt, bietet H. Moser, Didaktisches Planen und Handeln, München 1978; außerdem vgl. W. H. Peterßen, Handbuch der Unterrichtsplanung, München 1982, S. 283ff.; H. Meyer, Trainingsprogramm zur Lernzielanalyse, Frankfurt 1974; zum Abstraktionsniveau der Ziele vgl. Chr. Möller, Technik der Lernplanung, Weinheim 1973^4, S. 294ff.; zu den Lernzielstufen vgl. Deutscher Bildungsrat (Hg.), Strukturplan für das Bildungswesen, Stuttgart 1970, S. 78ff.; zur differenzierten Taxonomie vgl. B. S. Bloom (Hg.), Taxonomie von Lernzielen für den cognitiven Bereich, Weinheim 1973^2; D. R. Krathwohl u.a., Taxonomie von Lernzielen im affektiven Bereich, Weinheim 1975.
Zur Problematik des „Offenen Curriculums“ im religionspädagogischen Bereich informieren u.a. G. Baudler (Hg.), Schulischer Religionsunterricht und kirchliche Katechese, Düsseldorf 1973; D. Pohlmann, Offene Lernplanung in der Religionspädagogik, Göttingen 1982.

„Wenn Lernen mit der allgemeinen Formel umschrieben wird, es sei dauerhafte Veränderung von Verhaltensdispositionen aufgrund von Erfahrungen, dann ist ein Lernziel die Beschreibung einer solchen Disposition. Und bei seiner Bestimmung geht es darum zu unterscheiden, welche von jeweils möglichen Dispositionen – und das sind mit Sicherheit stets mehrere oder sogar viele – in der besonderen Situation verwirklicht und damit zum Zweck des gesamten Unterrichts werden soll."[17]

Der Entscheidungsprozeß für die Lernziele gliedert sich in mehrere Stufen:

- Ich entscheide mich für ein Ziel, formuliere es präzise und begründe es.
- Ich beschreibe das Ziel, um die nötigen Konsequenzen ziehen zu können.
- Ich überlege Teilziele, mit deren Hilfe ich das Ziel erreichen könnte, und entscheide mich für die Teilziele, die mir in der gegebenen Lernsituation am sinnvollsten erscheinen.
  Ich analysiere und beschreibe diese Teilziele und prüfe ihre Stimmigkeit.
- Ich plane den Lernweg, indem ich eine Abfolge der Teilziele festlege.
- Ich überlege, ob und wie ich prüfen kann, inwieweit die Ziele erreicht wurden.

Ich formuliere das Lernziel/die Lernziele

In der Regel entscheide ich mich bei der Planung einer Unterrichtseinheit für ein Ziel. Wenn dieses zu komplex ausfällt, kann es hilfreich sein, statt dem einen auch zwei oder gar drei Ziele für die eine Unterrichtseinheit zu formulieren.
Jedes Ziel hat zwei Komponenten, eine Inhalts- und eine Verhaltenskomponente.

Beispiele: Die Schüler sollen zwei Gründe nennen können, weshalb Israel sich einen König wünscht. Oder: Die Schüler sollen über Gottes Geduld staunen können. Die Inhaltskomponente ist im ersten Fall „zwei Gründe, weshalb sich Israel einen König wünscht", im zweiten „Gottes Geduld". Die Verhaltenskomponenten sind „nennen können" und „staunen können". Es ist wichtig, daß wirklich die Disposition der Schüler benannt wird, die durch den Lernprozeß erreicht werden soll, und nicht eine Absichtserklärung des Lehrers oder eine Verlaufsangabe.

17 W. H. Peterßen, a.a.O., S. 89.

Dies ist demnach keine Lernzielformulierung: Die Schüler sollen sich mit Zachäus identifizieren. Was soll durch die Identifikation erreicht werden? Vielleicht wäre dies ein mögliches Lernziel: Die Schüler sollen durch die Identifikation mit Zachäus dessen Freude nachempfinden können.
Auch das ist kein Lernziel: Die Schüler sollen überlegen, weshalb Israel einen König wünscht. Das entsprechende richtige Lernziel haben wir oben bereits genannt.

Bei der Begründung des ausgesuchten Lernziels frage ich mehr danach, wie ich dieses vor den Schülern rechtfertigen könnte, als danach, wie ich es vor mir selbst oder vor Dritten verantworten kann. Dies bewahrt mich vor der Gefahr, bei der Festlegung des Ziels einseitig meine Absichten notfalls gegen die Schüler durchzusetzen. Wo es die Umstände und das Alter der Schüler ermöglichen, werde ich später die Zielentscheidung gemeinsam mit den Schülern treffen.

Ich beschreibe das Lernziel/die Lernziele

- Umgang mit den Erfahrungen

Antworten auf die Fragen, ob das Ziel stärker dahin tendiert, Vorhandenes zu klären und zu ordnen, Neues anzubahnen oder an Widerständen zu arbeiten, beeinflussen später die Planung des Lernwegs.

- Produkt- oder prozeßorientierte Ziele

Wir planen eine Begegnung zwischen dem Text/Thema und den Schülern. Die dabei erreichbaren Ziele sind überwiegend prozeßorientiert. Manche Autoren bezeichnen solche Ziele als „Intentionen". Von Lernzielen sprechen sie nur dann, wenn diese operationalisierbar und damit überprüfbar sind. Andere unterscheiden zwischen „Lernzielen" und „intentionalen Zielen". Abgesehen davon, daß alle Ziele intentional sind, verzichten wir auf solche Differenzierungen. Wir sprechen stets von Lernzielen, wollen diese aber bei der näheren Beschreibung unterscheiden, beispielsweise in produkt- und prozeßorientierte Lernziele.

Produktorientierte Lernziele sind operationalisierbar, meistens kurzfristig zu erreichen, exakt überprüfbar. Sie verlangen eine lineare Planung des Lernwegs. Prozeßorientierte Lernziele sind komplex, nicht operationalisierbar, bestenfalls anhand sekundärer Merkmale annähernd überprüfbar. Der Lernweg zu diesen Zielen verläuft selten linear. Das Geschehen „unterwegs" und die Reflexion dessen, was dort geschah, ist entscheidend.

Im erfahrungsbezogenen Religionsunterricht spielen prozeßorientierte Lernziele die entscheidende Rolle. Produktorientierte Ziele sind meistens nur Teilziele von prozeßorientierten. Das prozeßorientierte Lernziel: Die Schüler sollen die Freude des Zachäus nachempfinden können, setzt das produktorientierte voraus: Die Schüler sollen Gründe für die Verachtung des Zachäus durch seine Mitmenschen nennen können.

- Kognitive, affektive und pragmatische Lernziele

Die Beschreibung der Dimension der Lernziele dient zum einen dazu, später die sachgemäßen Aktions- und Sozialformen und den geeigneten Lernweg bestimmen zu können, zum andern ermöglicht sie die Kontrolle, ob auf Dauer in meinem Unterricht alle Dimensionen entsprechend berücksichtigt werden.
Erfahrungsbezogener Religionsunterricht steht nicht in der Gefahr, kopflastig zu werden. In Begegnungen kommen die drei Dimensionen angemessen zum Zug. Es geht dabei um Einsichten, Vorstellungen und Denkmöglichkeiten. In der Identifikation mit Gestalten gelebten Glaubens geht es aber auch um das Gewahrwerden von Einstellungen und Empfindungen bis hin zum Betroffensein und um das Erleben von möglichen Lebens- und Glaubensvollzügen.

Nicht alle geplanten Tätigkeiten der Schüler im Unterricht können pragmatischen Lernzielen zugeordnet werden. Sollen Schüler mit einer Collage ihre Eindrücke von der Erzählung gestalten, so wäre dies nur dann ein pragmatisches Lernziel, wenn sie dadurch lernen sollten, wie man eine Collage anfertigt. Tatsächlich aber geht es um affektive oder kognitive Elemente, die mittels einer Collage dargestellt werden sollen. Ein pragmatisches Lernziel im engen Sinn könnte für den RU lauten: Die Schüler sollen fähig sein, in angemessener Zeit ohne Hilfe bestimmte Bibelstellen aufzuschlagen. Solche Lernziele sind im RU selten.
Im erfahrungsbezogenen RU geht es jedoch in der Begegnung auch darum, wie christlicher Glaube praktisch aussieht. Der RU zielt im Rahmen der Schule aber nicht auf den unmittelbaren Vollzug, wohl aber auf das Angebot möglicher Lebens- und Glaubensvollzüge. „Das pragmatische Lernziel im Religionsunterricht kann nicht heißen Glauben-können, sondern muß heißen Glaubensmöglichkeiten erfahren."[18]

- Lernzielstufen

Ob es beim ausgesuchten Lernziel vorwiegend um Reproduktion, Reorganisation, Transfer oder problemlösendes Denken geht, entscheidet mit über die Gestaltung des Lernwegs. Welche Voraussetzungen müssen geschaffen werden, damit die entsprechende Lernzielstufe erreichbar ist?[19]

---

18 H. Birkhölzer, Reflektierte Praxis, München 1984, S. 77.

19 Zur Zuordnung der Lernzielstufen zu den Lernzieldimensionen vgl. die oben angegebenen Veröffentlichungen von B. S. Bloom und D. R. Krathwohl; auch H. Moser, a.a.O., S. 142ff. und W. H. Peterßen, a.a.O., S. 285ff.

Bevor ich weiterplane, prüfe ich, ob meine Lernzielformulierung wirklich das aussagt, was ich im Unterricht erreichen will. Erst dann wende ich mich den nächsten Entscheidungen zu.

Ich entscheide mich für Teilziele

Nachdem ich das Ziel formuliert, begründet und beschrieben habe, frage ich, welche Zwischenschritte auf dem Weg zum Ziel möglich und nötig sind. Die Teilziele sind nicht zwingend aus dem ausgewählten Ziel abzuleiten, denn unterschiedliche Wege können zu dem einen Ziel führen. Ich muß also erneut Entscheidungen treffen. Ich begründe die Auswahl der Teilziele und beschreibe sie anhand der oben genannten Kriterien.

Was wir als „Teilziel" bezeichnen, wird sonst oft „Feinziel" genannt. Im Begriff „Feinziel" kommt stärker zum Ausdruck, daß es sich hier in der Hierarchie der Ziele (Globalziel, Richtziele, Grobziele, Feinziele) um die konkreteste Zielangabe handelt. Wir verwenden den Begriff „Teilziel", weil er den Bezug zum Lernweg und zu den einzelnen Lernschritten deutlicher werden läßt.

Ich plane den Lernweg

Die Beschreibung der Ziele war kein Selbstzweck. Sie ermöglicht mir jetzt, den Lernweg sinnvoll zu planen. In der Ausbildungsphase beansprucht die Beschreibung der Ziele und die daraus abgeleitete Lernwegplanung verhältnismäßig viel Zeit. Bei entsprechender Übung fällt es zunehmend leichter, Lernziele zu charakterisieren und die richtigen Konsequenzen für den Lernweg zu ziehen. Vieles erkenne ich bald mit einem Blick.

Bei produktorientierten Lernzielen ist die Abfolge der Teilziele meist zwingend vorgegeben. Der Lernweg verläuft linear. Bei prozeßorientierten Lernzielen gibt es meistens mehrere Möglichkeiten. Ich muß mich für eine Abfolge entscheiden und diese begründen.
Zielt die Verhaltenskomponente auf Staunen-können, so muß auf dem Lernweg zuvor ein Erlebnis ermöglicht werden. Sollen die Schüler Vorhandenes klären und profilieren, so wird an Alltags- oder Grunderfahrungen anzuknüpfen sein. Sollen die Schüler zu einem Problem Stellung nehmen können, so wird zuvor das Problem zu entfalten und zu diskutieren sein.

Der Lernweg gliedert sich in Lernschritte, auch Phasen genannt. Die dadurch gegebene Struktur des Unterrichts ist dann am einprägsamsten, wenn jedem Lernschritt ein Teilziel entspricht. Oft ist es aber sinnvoll, mit einem Lernschritt gleichzeitig zwei Teilziele anzustreben oder ein Teilziel mehrfach bei unterschiedlichen Schritten.

Ich bedenke Möglichkeiten der Zielkontrolle

Schon bei der Entscheidung für die Ziele und bei der Planung des Lernwegs überlege ich, wie ich kontrollieren kann, ob die Ziele erreicht wurden.
Dies ist nicht nur im Blick auf das Ziel der Unterrichtseinheit, sondern auch im Blick auf die Teilziele nötig. Bei den seltenen produktorientierten Zielen ist dies nicht schwer. Bei prozeßorientierten Zielen ist dies immer nur annähernd möglich. Dennoch kann ich ein neues Teilziel sinnvoll erst dann anstreben, wenn ich davon ausgehen kann, daß das vorhergehende erreicht ist. Bei der Entscheidung für die Aktionsformen werde ich dies berücksichtigen müssen.

Da die Entscheidung für die Ziele zu den wichtigsten bei der Unterrichtsvorbereitung gehört, überprüfe ich die getroffene Auswahl:
- Habe ich wirklich Lernziele formuliert und nicht Inhalts- oder Verlaufsangaben?
- Ist das Ziel der Unterrichtseinheit realistisch? Ist es in der zur Verfügung stehenden Zeit erreichbar?
- Decken die Teilziele das Ziel ab? Führen sie daran vorbei oder über das gesteckte Ziel hinaus?
- Ist die Abfolge der Teilziele stimmig? Habe ich bei der Entscheidung für die Abfolge die Qualität des Ziels und der Teilziele angemessen berücksichtigt?

INHALTE

Anhand welcher Inhalte will ich die ausgewählten Ziele verfolgen?
Ich begründe meine Entscheidungen.

Bei der Unterrichtsvorbereitung, die beim Text einsetzt, liegt der wesentliche Inhalt von Anfang an fest. Er war mein Gegenüber in der persönlichen Begegnung im ersten Schritt und in der fiktiven Schülerbegegnung im dritten Schritt der Vorbereitung. Im zweiten habe ich ihn exegesiert. Welche Entscheidungen sind nun noch zu treffen?

- Ich prüfe, ob ich den Text unverändert einsetzen kann. Muß ich ihn sprachlich vereinfachen? Welche Übersetzung des Textes wähle ich?
- Ich habe festgestellt, daß der Text verschiedene Aspekte anspricht. Will ich bestimmte stärker betonen? Sollen andere zurücktreten? Kann ich einzelne Aspekte bestimmten Teilzielen zuordnen?
- Können die Schüler den Text ohne weitere Erläuterungen verstehen? Will ich durch eine „Umweltgeschichte", eine „Geschichte zur literarischen Ursprungssituation" oder eine „Rahmenerzählung" weitere Inhalte einführen?[20] Welche?
- Benötige ich für einzelne Teilziele zusätzliche Inhalte? Will ich weitere biblische Texte einsetzen? Sind außerbiblische Texte geeignet?
- Inhalte werden nicht nur verbal vermittelt. Auch beim Einsatz von Medien spielen Inhalte eine Rolle.

  Hier wird die wechselseitige Abhängigkeit der Entscheidungsfelder besonders deutlich. Ich entscheide mich für ein Medium und zugleich für den durch das Medium vermittelten Inhalt. Ich muß also prüfen, wie sich dieser zu den Inhalten verhält, die sonst bestimmend sind.
- Welche didaktische Funktion haben die einzelnen Inhalte? Will ich mit ihnen motivieren, informieren, problematisieren, zusammenfassen etc.?

AKTIONS- UND SOZIALFORMEN

Ob RU den Schülern Freude bereitet, hängt wesentlich davon ab, wie er gestaltet wird. Die intensive Arbeit des Lehrers am Text und seine Bemühungen um die richtigen Ziele waren vergeblich, wenn es nicht gelingt, den Lernweg so zu planen, daß die Schüler ihn gehen können. Die Entscheidungen für die richtigen Methoden und den geeigneten Methodenwechsel sind für das Gelingen des Unterrichts demnach von eminenter Bedeutung.

---

20 Vgl. W. Neidhart / H. Eggenberger, Erzählbuch zur Bibel, Zürich / Lahr 1979³, S. 117 ff.; 170 ff.; 234 ff.

Der Begriff „Methode“ ist sehr umfassend und dadurch unscharf. Partnerarbeit ist ebenso Methode wie das Erzählen. Wir differenzieren und sprechen von Aktions- und Sozialformen. Unter Aktionsformen verstehen wir das geplante Lehrer- und Schülerverhalten.[21] Die Lehrer- und Schüleraktivitäten bedingen sich wechselseitig. Wenn der Lehrer erzählt, hören die Schüler (hoffentlich) zu. In der Regel beschränken wir uns darauf, eine der sich wechselseitig bedingenden Aktionsformen zu nennen.

Die Sozialformen beschreiben, wie die am Unterricht beteiligten Personen aufeinander bezogen sind, wie die Schüler untereinander und mit dem Lehrer zusammenarbeiten und im Unterrichtsgeschehen ihren Umgang miteinander organisieren sollen. Die wichtigsten Sozialformen sind das Plenum (frontal oder im Kreis), Arbeitsgruppen (themen- und arbeitsgleich oder -verschieden), Partner- und Einzelarbeit.

Für welche Aktions- und Sozialformen entscheide ich mich im Blick auf die ausgewählten Ziele und Inhalte? Ich begründe meine Entscheidungen.

Ich bin bei diesen Entscheidungen nicht mehr frei. Durch die Bestimmung der Ziele und Teilziele liegt der Lernweg schon in seiner Grundstruktur fest. Ich habe mich auch schon für bestimmte Inhalte entschieden und ihnen eine bestimmte didaktische Funktion zugedacht. Das alles muß ich berücksichtigen, wenn ich jetzt die Aktions- und Sozialformen bestimme.

Es ist nicht möglich, im Rahmen dieser Erläuterungen auf die verschiedenen Aktions- und Sozialformen und ihre möglichen didaktischen Funktionen einzeln einzugehen. Im Claudius Verlag erscheint demnächst ein Buch von L. Schmalfuß, das in diese Problematik einführt.[22]

Wir beschränken uns hier auf folgende Kontrollfragen:

– Stimmen die ausgewählten Aktions- und Sozialformen mit den festgelegten Zielen überein?

Will ich beispielsweise zum selbstverantwortlichen Umgang mit den Massenmedien motivieren, so wird dies bei lehrerdominantem Frontalunterricht kaum gelingen.

21 Ungeplante, meist unbewußte Aktionsformen (vgl. P. Watzlawick, „Man kann sich nicht nicht verhalten!“) beeinflussen häufig den Unterrichtsverlauf. Sie sollten bei der Nacharbeit bedacht werden.

22 Weitere Literatur zu den Aktions- und Sozialformen: K. Aschersleben, Einführung in die Unterrichtsmethodik, Stuttgart 1976²; B. Grom, Methoden für Religionsunterricht, Jugendarbeit und Erwachsenenbildung, Düsseldorf/Göttingen 1976; D. Haas / K. Bätz, Ratgeber Religionsunterricht. Hilfen zum Aufbau und zur Durchführung, Lahr / Zürich 1984; H. Kurz, Methoden des Religionsunterrichts. Arbeitsformen und Beispiele, München 1984.

- Welche Spannungsbögen prägen die Struktur meines Unterrichts? Wo werden die Schüler sehr beansprucht, wo sind Entspannungsphasen?
- Habe ich bei der Auswahl der Aktionsformen berücksichtigt, daß ich die Schüler für die einzelnen Schritte richtig motiviere? Wie will ich den Ertrag der einzelnen Schritte zusammenfassen?
- Habe ich bei der Planung der Gespräche die angemessene Gesprächsform gewählt? Welche Funktion habe ich als Lehrer dabei?
- Sind die Schlüsselimpulse und die Arbeitsaufträge präzis genug?
- Ist der Wechsel der Aktions- und Sozialformen bedacht? Habe ich das Alter der Schüler angemessen berücksichtigt?
- Welche organisatorischen Vorbereitungen sind zu treffen? (Raumgestaltung, Sitzordnung etc.)
- Habe ich daran gedacht, daß die Schüler Eindrücke auch wieder ausdrücken können? Sind entsprechende kreative Aktionsformen vorgesehen?

MEDIEN

Grundsätzlich kann alles zum Medium werden, das gesprochene Wort, das Blatt Papier, die Atmosphäre im Klassenzimmer, es muß nur als Medium erkannt werden. Das wichtigste (hilfreiche oder abschreckende?) Medium bin oft ich als Religionslehrer. Ein so weitgefaßter Medienbegriff ist bei der Planung von Lernprozessen wenig hilfreich. Wir verwenden den engeren Begriff und verstehen unter Medien die Lehr-, Lern- und Arbeitsmittel, die geplant im Unterricht eingesetzt werden.[23]

Mit welchen Medien kann ich die Erarbeitung der einzelnen Teilziele fördern? Ich begründe meine Entscheidungen.

23 Es ist wieder nicht möglich, auch nur die wichtigsten Medien und ihre didaktische Funktion hier einzeln aufzuführen. Wir verweisen auf die Literatur: W. E. Failing / H. May, Mit audiovisuellen Medien arbeiten, Zürich / Frankfurt 1975; H. May / G. Krankenhagen, Audiovisuelle Medien im Religionsunterricht, Stuttgart 1974; H. H. Strube / W. Flemmig, Lernen mit Medien, KU-Praxis Nr. 7, Gütersloh 1977; H. Schultze (Hg.), Unterrichtsmedien im Religionsunterricht, Gütersloh 1979; G. Brockmann / R. Veit, Mit Kurzfilmen arbeiten, Band I/II, Zürich / Köln 1981 f.; Guido Martini, Malen als Erfahrung, Stuttgart 1981²; Vgl. auch die entsprechenden Abschnitte in der zu den Aktionsformen angegebenen Literatur.

Vor allem unter Anfängern gibt es zwei Extreme: Die einen veranstalten einen wahren Medienrummel in der Hoffnung, damit den Unterricht für die Schüler interessant zu gestalten. Sie warnen wir: Bei den Medien zählt nicht die große Zahl, sondern die intensive Nutzung. Nicht wer vieles bringt, wird für jeden etwas bringen, sondern wer das Richtige bringt, hilft vielen weiter. Es ist schade, wenn Medien dadurch verschleudert werden, daß sie nicht konsequent didaktisch genutzt werden. Ein Bild, das schnell auch noch gezeigt wird, hat seinen Aufforderungscharakter verloren, wenn ich es später bewußt betrachten und besprechen will.

Die andern suchen verzweifelt nach geeigneten Medien und finden keine. Vielen von ihnen scheinen die vorhandenen Medien nur deshalb wenig brauchbar, weil ihnen die vielfältigen didaktischen Verwendungssituationen zu wenig vertraut sind. Fast alle Medien können unterschiedlich eingesetzt werden. Es gibt für den Religionsunterricht nur wenige sogenannte monovalente Medien.

Das Modell eines Salbhorns gehört beispielsweise dazu. Ich werde es immer dann mitbringen, wenn ich von der Salbung der Könige erzähle. Sonst ist es kaum zu gebrauchen.
Die meisten Medien, die Informationsfunktion haben, sind monovalent. Ich kann mit ihnen zeigen, wie etwas aussieht, wie es damals war etc. Doch schon eine kleine Veränderung der didaktischen Funktion – und es ergibt sich eine neue Einsatzmöglichkeit. Ich sage nicht: So war es damals, sondern frage: War es wirklich so? Das Medium dient jetzt nicht mehr der Information, sondern regt zur Diskussion an.

Die meisten Medien sind polyvalent, in verschiedenen didaktischen Verwendungssituationen einsetzbar. Sie sind dadurch für den Religionslehrer wertvoller.

Ich habe beispielsweise ein Poster mit einem weinenden Kind.

- Es kann ein Impuls sein, daß die Schüler über ihren Kummer und ihre Ängste sprechen. Ich gewinne Einblick in das, was sie bewegt.
  Didaktische Verwendungssituation: Erhebung von Voreinstellungen und Bedürfnissen etc.
- Ich habe die Geschichte eines traurigen Kindes erzählt und unterbreche an einer bestimmten Stelle. Ich zeige das Bild. Die Schüler erkennen in dem Kind das Mädchen aus der Geschichte, versetzen sich in das Mädchen, leihen ihm ihre Stimme, empfinden, was ihm durchs Herz und durch den Kopf geht.
  Didaktische Verwendungssituation: Identifikationshilfe.
- Wir haben darüber gesprochen, wie gut es uns geht. Ich zeige das Bild. Die Schüler erkennen: Nicht allen geht es so gut wie uns …

Didaktische Verwendungssituation: Kontrastierung, Problemdiskussion.

- Am Ende einer Unterrichtseinheit über das Thema: „Diakonie fängt bei uns an“ zeige ich das Bild. Die Schüler überlegen, wie dem Kind geholfen werden könnte.
  Didaktische Verwendungssituation: Ertragssicherung.
- Bei einer Unterrichtseinheit über den rechten Umgang mit dem Leid dient das Bild als Anregung, die Situation von leidenden Menschen zu bedenken und ein Gebet als Klage zu formulieren.
  Didaktische Verwendungssituation: Meditation, Anregung zum Gebet.

Die Entscheidung für ein Medium ist noch nicht gefallen, wenn ich weiß, welches Medium ich einsetzen will. Ich muß den didaktischen Ort festlegen, an dem ich das Medium einsetzen möchte, und entscheiden, welche didaktische Funktion es haben soll.[24]
Die meisten Medien werden bisher als Eindrucksmedien eingesetzt. Das Medium soll den Schülern etwas verdeutlichen, sie betreffen, sie zu etwas anregen. Für den erfahrungsbezogenen RU sind Ausdrucksmedien genauso wichtig. Jeder Eindruck verlangt nach einem Ausdruck. Medien, die sich dazu eignen, kreativ die erworbenen Einsichten, die gespürte Betroffenheit, die in der Identifikation nacherlebten Lebens- und Glaubensmöglichkeiten zu gestalten, werden bisher vorzugsweise in der Grundschule eingesetzt. Auch ältere Schüler greifen zu dieser Möglichkeit, wenn sie entsprechend ermutigt werden.

Beim Ausdrucksmedium wird deutlicher noch als beim Eindrucksmedium die Nähe der Aktionsform bewußt. Wenn Kinder ihre Eindrücke von einer Geschichte malen, so ist das eine Aktionsform, es entsteht aber ein Medium. Bewährte Ausdrucksmedien außer dem Malen: eine Collage, die musikalische Interpretation des Eindrucks mit Orff'schen Instrumenten, eine szenische Gestaltung, ein Rollengespräch oder Rollenspiel etc.

Habe ich unter Beachtung der auf S. 37 gegebenen Hinweise den Medieneinsatz geplant, so prüfe ich anhand der folgenden Kontrollfragen, ob ich die häufigsten Fehler vermieden habe:

- Habe ich mich mit den Medien vertraut gemacht? Die Beschreibung des Films oder der Diaserie im Katalog genügt nicht!
- Entsprechen die den Medien immanenten Ziele denen, die ich für die Unterrichtseinheit ausgewählt habe?

24 Vgl. H. H. Strube, Die Bedeutung der didaktischen Verwendungssituation für die Auswahl und Bearbeitung von AV-Medien, in: H. May / G. Krankenhagen, AV-Medien im Religionsunterricht, Stuttgart 1984, S. 41–70.

- Stimmen die mit dem Medium transportierten Inhalte mit den anderen zusammen? Werden zusätzliche Inhalte eingeführt, die ich beachten, notfalls entsprechend ausblenden muß?
- Sind die äußeren Bedingungen für den Einsatz des Mediums gegeben?
- Könnte das Medium Reaktionen hervorrufen, die meinen Ansichten zuwiderlaufen? Wie kann ich damit umgehen?
- Habe ich die geeigneten Medien berücksichtigt, die den Schülern problemlos zur Verfügung stehen? (Schulbuch, Bilder in der Schule, in der Kirche etc.)
- Könnte das Medium ohne zu großen Aufwand durch eine originale Begegnung ersetzt werden? (Unterrichtsgang zu ..., ein Besuch bei ...)
- Können die Schüler das Medium allein entschlüsseln oder brauchen sie (vorweg, beim Einsatz oder zur Auswertung) Hilfen?
- Sind Ausdrucksmedien vorgesehen?
- Könnte ich das ausgesuchte Medium vielleicht in einer anderen Situation noch effektiver einsetzen? Soll ich es dafür aufheben? Habe ich ausreichend Zeit eingeplant, um am Medium zu arbeiten?

V. VERLAUFSPLANUNG

Die getroffenen Entscheidungen stelle ich in einer Übersicht so zusammen, daß ich mich vor und auch während des Unterrichts schnell orientieren kann. Die Übersicht muß so gestaltet sein, daß ich die einzelnen Fakten und ihr Zusammenspiel möglichst mit einem Blick erfassen kann.

Es hat sich bewährt, die einzelnen Entscheidungen getrennt in Spalten darzustellen. Dies ermöglicht die beste Orientierung. Ich kann die Informationen in den einzelnen Spalten lesen und gewinne Übersicht darüber, welche Inhalte, bzw. Aktions- und Sozialformen oder Medien aufeinanderfolgen. Dabei kann ich problemlos auch überprüfen, ob beispielsweise der geplante Wechsel den Erfordernissen entspricht, ob im Ablauf Sprünge festzustellen sind etc. Ich kann die Spalten aber auch quer lesen und sofort feststellen, welche Inhalte welchen Zielen zugeordnet sind und mit welchen Aktionsformen und Medien sie in welcher Sozialform erreicht werden sollen.

Wer für die einzelnen Entscheidungsfelder je eigene Spalten und weitere für die Zeitplanung und eventuell sogar eine für Bemerkungen vorsieht, benötigt sechs bis sieben Spalten. Dies ist nicht nur eine Platzfrage. Auch die Übersicht kann dabei verlorengehen. Die meisten Vorschläge sehen deshalb vor, daß in einzelnen Spalten mehrere Entscheidungen neben- oder untereinander notiert werden.

Eine ausführliche und fast schon klassische Einteilung orientiert sich an den vier Entscheidungsfeldern des „Berliner Modells". In der ersten Spalte werden die Teilziele notiert, in der zweiten die Inhalte einschließlich der nötigen Hinweise zum Verlauf, in der dritten in Stichworten die geplanten Aktions- und Sozialformen und in einer vierten die Medien. Eine schmale fünfte Spalte enthält die vorgesehenen Zeitangaben. Nötige Bemerkungen werden am Ende der Verlaufsplanung ergänzt. Einen Ausschnitt aus einer so gestalteten Verlaufsplanung finden Sie auf S. 76.

Es ist auch möglich, sich bei der Dokumentation der Verlaufsplanung auf drei oder vier Spalten zu beschränken. Es müssen dann immer in einzelnen Spalten unterschiedliche Entscheidungen zusammengefaßt werden. Häufig geschieht dies so, daß eine für die Ziele vorgesehen wird, in einer zweiten der Verlauf ausführlich festgehalten wird und eine dritte für Bemerkungen frei bleibt. Der Zeitablauf wird oft in einer vierten Spalte notiert. Bei dieser Darstellung empfiehlt es sich, die benötigten Medien entweder in der Verlaufsplanung deutlich zu markieren oder vorweg zu nennen.

Jeder wird mit der Zeit zu der ihm hilfreichen Form finden, seine Unterrichtsplanung übersichtlich zusammenzustellen. Der eine bleibt bei der ausführlichen Dokumentation, weil sie ihm Sicherheit verleiht. Der andere fühlt sich durch sie zu stark gebunden und begnügt sich mit Stichworten, die den ersten eher verunsichern würden. Es lohnt sich, als Anfänger ausführlichere Verlaufsplanungen zu schreiben. Sie erleichtern in der Lernphase die Kontrolle der Stimmigkeit und die spätere Reflexion. Später werden persönliche Abkürzungen verwendet und nur noch die Fakten notiert, die unbedingt festgehalten werden müssen.

Zu ihnen zählen neben den Teilzielen in der Lernphase vor allem die ausführliche Beschreibung von Anfangssituationen, wörtlich formulierte Schlüsselimpulse und Arbeitsaufträge, in Stichworten der Verlauf von Lehrgesprächen, erwartete Teilergebnisse etc. Ausführliche Texte wie Erzählungen, Sachinformationen etc. werden nicht in der Verlaufsplanung wiedergegeben, sondern gesondert notiert. Sie würden die Übersicht erschweren. Das gilt auch für Tafelbilder und deren Entwicklung, für Fragebögen zur Lernkontrolle etc. In der Zeitspalte wird die ungefähre Dauer der einzelnen Phasen genannt. Diese Angaben dienen lediglich der Orientierung. Sie sind keine Zwangsjacke.

Verlaufsplanungen sind Entwürfe auf Widerruf. Sie müssen in sich stimmig sein und verdeutlichen, wie ich mir den geplanten Unterricht vorstelle. Jeder Entwurf drängt letztlich auf Verwirklichung. Pläne sind aber noch nicht der Unterricht. Sie zeigen, wie Unterricht sein könnte. Bei meinen didaktischen Entscheidungen habe ich Alternativen überprüft, viele ausgeschieden und eine in der Verlaufsplanung ausgeführt. Ich versuche trotz der getroffenen Entscheidungen offen zu bleiben für die Schüler in der konkreten Unterrichtssituation. Ich poche weder auf wohlüberlegte Formulierungen, noch bin ich darauf versessen, die Abfolge des geplanten Unterrichts unbedingt durchzusetzen. Ich weiß aber, daß ich nur dann in der konkreten Unterrichtssituation ganz bei meinen Schülern sein kann, wenn ich meinen Unterricht gut geplant habe.

Manche kritische Situation läßt sich anhand der Verlaufsplanung vorhersehen. Ich bedenke dann schon im Vorfeld mögliche Alternativen. Bei offenen Gesprächen ist beispielsweise oft nicht abzusehen, wie sich das Gespräch tatsächlich entwickelt. Da ich auf alle Fälle vermeiden möchte, direktiv einzugreifen und die Schüler zu der einen geplanten Fortsetzung zu nötigen, muß ich bereits bei der Planung des Unterrichts an Alternativen denken.

An einer markanten Stelle meiner Verlaufsplanung halte ich fest, was ich in der geplanten Stunde auf keinen Fall vergessen darf: z.B. daß eine Schülerin Geburtstag hat, daß alle zur nächsten Stunde bestimmte Bilder mitbringen sollen, daß ich an den Elternabend erinnern wollte, daß ich nicht vergesse, die Hausaufgabe anzusagen. Zur Nacharbeit, die auch in der Lernphase dringend nötig ist, vgl. S. 170ff.

Beispiel für eine Verlaufsplanung im Spaltendruck (Auszug):

Themenbereich: Königsgeschichten – 7. Stunde — 5. Jahrgang
Ziel: Nachempfinden können, daß Gottvertrauen in schwierigen Situationen weiterhilft

Teilziele	Inhalt und Verlaufsangaben	Aktionsformen	Sozialformen	Medien	Zeit ca.
	Lied: Ich möcht, daß einer mit mir geht ...				
Sich in einen bedrückten Menschen hineinversetzen können	Ein weinendes Mädchen wird gezeigt – Assoziationen der Kinder zum Bild L: Wir wissen nicht, weshalb das Kind weint ... S: Vermutungen	stummer Impuls Korbgespräch	Plenum	Folie Nr. 23 aus der eigenen Sammlung	10 min. (9.45–9.55)
	L: Ich möchte euch erzählen, wie es Doris ging, als sie einmal sehr traurig war (vgl. Anlage 1)	Rahmenerzählung			
Davids Haltung vor Goliat nachempfinden können	L: Die Mutter hat mit Doris gesprochen. Sie hat erkannt, daß Doris vor einer schwierigen Frage steht, über die sie nicht sprechen kann. Sie hat ein Bild geholt und betrachtet es mit Doris. Lange schaut Doris das Bild schweigend an.	Bildbetrachtung	Einzelarbeit	Bild von David und Goliat (Foliensammlung Nr. 37)	15 min. (9.55–10.10)
	Doris hat die Gestalten längst erkannt. Sie erinnert sich an die Geschichte ... usw.	Korbgespräch	Plenum		

B Unterrichtsvorbereitung in der Lernphase bei einem vorgegebenen Thema

Die „fünf Schritte" der Vorbereitung erfahrungsbezogenen Religionsunterrichts liegen auch hier vor uns. Die Abfolge ändert sich nicht, nur die Einzelfragen bei einigen Schritten. Sie werden in diesem Abschnitt genannt und erläutert. Wir muten dem Leser bewußt Wiederholungen zu. Zu viele sind aber ermüdend. Deshalb – und auch aus Platzgründen – beschränken wir uns hier auf die ausführliche Darstellung und Erläuterung der beiden ersten Schritte. Bei ihnen sind die Einzelfragen bei einem vorgegebenen Thema anders zu stellen. Vom dritten Schritt an kann sich der Leser an den Ausführungen zur textbezogenen Unterrichtsvorbereitung orientieren.

Weder aus der Tatsache, daß zunächst die Unterrichtsvorbereitung bei einem vorgegebenen biblischen Text beschrieben wurde, noch daraus, daß der Abschnitt über die Unterrichtsvorbereitung bei einem vorgegebenen Thema wesentlich kürzer ist, darf eine Wertung abgeleitet werden. Beide Möglichkeiten sind uns gleich wichtig: Die Vorbereitung des Unterrichts kann bei einem biblischen Text, bei einem Thema oder bei kirchlichem Traditionsgut ansetzen. Wenn wir zuerst die Vorbereitung bei einem vorgegebenen biblischen Text beschrieben haben, so nur deshalb, weil nach unserer Erfahrung Studierende in der Regel ihre erste Unterrichtseinheit über einen biblischen Text zu gestalten haben. Wer in seiner Ausbildung die erste Unterrichtseinheit über ein vorgegebenes Thema vorbereiten muß, sollte zunächst die Kapitel A1 und A2 gründlich studieren, ehe er hier weiterliest. Er wird das gleiche Vorgehen trotz unterschiedlicher Einzelfragen dann leicht erkennen.

B1 Überblick

I. PERSÖNLICHE BEGEGNUNG

Ich versuche, erste Antworten zu finden auf die Frage:

Was bedeutet das Thema für mich?

Ich lasse mich hineinziehen in die Problematik des Themas und versuche, meinen Standort zu klären. Ich frage u. a.:

- Wo ist mir das Thema bereits begegnet? Was war der Anlaß?
- Betraf mich das Thema unmittelbar? Welche Gefühle hatte ich dabei?
- Welche Fragestellungen und Meinungen sind damals in den Vordergrund getreten?
- Haben theologische Aspekte dabei eine Rolle gespielt?
- Hat sich inzwischen meine Einstellung geändert und wodurch?
- Welche andere Meinungen kenne ich? Wie verhalte ich mich dazu?
- Worüber muß ich mich noch informieren, um sachgerecht urteilen zu können?

Ich versuche, meine spontanen Einfälle und Assoziationen zu ordnen und zu profilieren und frage:

- *Welche inhaltlichen Aspekte des Themas sind mir wichtig?*
- *Spricht es bestimmte Empfindungen und Einstellungen bei mir an?*
- *Hat es Bedeutung für mein Verhalten?*

Zu den einzelnen Aspekten des Themas fällt mir der Zugang unterschiedlich leicht oder schwer. Ich frage deshalb:

- *Welche Aspekte des Themas sind mir vertraut?*
- *Wo spüre ich Widerstände?*
- *Zu welchen Aspekten des Geschehens möchte ich mich um Zugang bemühen? Was muß ich mir erarbeiten? Wofür muß ich mich öffnen?*

In der persönlichen Begegnung mit dem Thema kommen oft bereits erste Vermittlungsmöglichkeiten in den Blick. Ist dies der Fall, halte ich diese fest.

II. THEOLOGISCHE ORIENTIERUNG

Ich frage im Blick auf das Thema:

- *Welche aktuelle Bedeutung hat das Thema?*
- *Welche fachwissenschaftlichen Erkenntnisse helfen zur Beurteilung der aktuellen Situation?*
- *Welche theologischen Einsichten helfen zur Deutung und Klärung der aktuellen Fragestellungen?*

- *Welche aktuelle Bedeutung hat das Thema?*

  Ich frage u. a.:

  - Welchen Niederschlag findet das Thema in den öffentlichen Medien?
  - Spielt das Thema für bestimmte gesellschaftliche Organisationen eine besondere Rolle? (z. B. Parteien, Gewerkschaften, Verbände, Kirchen)
  - Sind bestimmte Personengruppen von diesem Thema unmittelbar betroffen und warum?
  - Auf welche Fragestellungen spitzt sich die aktuelle Diskussion des Themas zu?

- *Welche fachwissenschaftlichen Erkenntnisse helfen zur Beurteilung der aktuellen Situation?*

  Ich frage u. a.:

  - Welche Fragen werden aus der aktuellen Situation an welche Fachwissenschaften gestellt?
  - Welche Informationen und Argumente liefern die befragten Fachwissenschaften?
  - Sind deren Informationen eindeutig oder widersprüchlich? Welchen Argumenten schließe ich mich an? Wie begründe ich meine Entscheidung?

- *Welche theologischen Einsichten helfen zur Deutung und Klärung der aktuellen Fragestellungen?*

  Ich frage u. a.:

  - Anhand welcher theologischen Grundmuster kann die Beziehung zwischen dem Thema und dem christlichen Glauben erkennbar werden? (z. B. Schöpfung, Schuld, Vergebung, christliches Leben)

– In welchen biblischen und nachbiblischen Glaubenserfahrungen wird diese theologische Bedeutung anschaulich? Gibt es Personen, in deren Leben dies besonders Gestalt gewinnt?
– Welche Argumente aus theologischen und kirchlichen Stellungnahmen tragen zur Klärung bei? Sind unterschiedliche Positionen (Konfessionen, Frömmigkeitstypen etc.) zu berücksichtigen?
– Was trägt die Theologie zur Deutung und Klärung der aktuellen Fragestellungen bei?

Zusammenfassend ordne ich meine systematischen Überlegungen.

Ich frage einerseits:

- *Welche inhaltlichen Aspekte des Themas sind mir jetzt wichtig?*
- *Inwiefern haben sich meine Empfindungen und Einstellungen verändert?*
- *Inwiefern berührt das Ergebnis mein Verhalten?*

Ich frage andererseits:

- *Was hat sich an meinen Zugängen zu einzelnen Aspekten des Themas durch meine systematisch-theologische Arbeit geändert?*

Nach der Überprüfung der Ergebnisse meiner persönlichen Vorüberlegungen anhand der Ergebnisse der systematisch-theologischen Arbeit frage ich: Haben sich die in der persönlichen Begegnung bereits erworbenen Vermittlungsmöglichkeiten verdichtet oder verändert? Sind neue dazugekommen?

Die weiteren Schritte der Unterrichtsvorbereitung werden so ausgeführt, wie sie in A1 für die Vorbereitung bei einem vorgegebenen biblischen Text dargestellt wurden (vgl. S. 32–37).

III. DIDAKTISCHE ORIENTIERUNG

- *Was könnte bei meinen Schülern mitschwingen, wenn sie dem Thema erstmals oder erneut begegnen?*
- *Was könnten meine Schüler in der Begegnung mit dem Thema lernen?*
- *Inwiefern beeinflußt die vorgegebene Lernsituation die zu treffenden Entscheidungen?*

IV. DIDAKTISCHE ENTSCHEIDUNGEN

> *Ich entscheide mich unter Berücksichtigung aller Vorgaben*
> - *für bestimmte Lernziele,*
> - *für bestimmte Inhalte,*
> - *für bestimmte Aktions- und Sozialformen und*
> - *für bestimmte Medien.*
>
> *Ich begründe meine Entscheidungen und überprüfe die wechselseitige Stimmigkeit.*

V. VERLAUFSPLANUNG

Ich stelle die getroffenen Entscheidungen übersichtlich zusammen.

B2 Erläuterungen und Beispiele zu den fünf Schritten der Vorbereitung bei einem vorgegebenen Thema

In der Lernphase wird in der Regel nicht nur das Thema, sondern auch das Lernziel vom Seminarleiter oder Klassenlehrer vorgegeben oder von der Lerngruppe gemeinsam festgelegt. Dabei wird entweder auf Vorgaben des Lehrplans zurückgegriffen, die aktuelle Situation in der Klasse berücksichtigt oder eine in der Öffentlichkeit gerade besonders wichtige Fragestellung aufgenommen. In jedem Fall steht das vorgegebene Thema in einem größeren Zusammenhang, der zu beachten ist.

Stärker noch als bei der Vorbereitung, die bei einem vorgegebenen Text einsetzt, besteht beim vorgegebenen Thema die Gefahr, sowohl bei der Vorbereitung als auch beim Unterricht selbst zu einseitig kognitiv vorzugehen. Themen werden aufgegriffen, weil sie Probleme aufwerfen. Viele neigen dazu, Probleme argumentativ zu lösen und vergessen dabei, daß gerade in problemgeladenen Situationen jeweils der ganze Mensch beteiligt ist: mit dem Kopf, aber auch mit seinen Emotionen. Schließlich geht es um praktische Konsequenzen, die ihn nicht unberührt lassen.

Wollen wir die Lernwelt nicht von der Lebenswelt gewaltsam trennen, so müssen wir gerade auch beim themenbezogenen RU uns als Person einbringen. Was wir an andere weitergeben, ist stets getragen vom Gewicht unserer persönlichen Überzeugung und von der Ernsthaftigkeit, mit der wir selbst dazu stehen. Aus diesem Grund – und damit unsere persönliche Einstellung nicht unreflektiert die Auseinandersetzung mit dem Thema prägt – beginnt auch die Unterrichtsvorbereitung bei einem vorgegebenen Thema bei uns selbst.

I. PERSÖNLICHE BEGEGNUNG

Zunächst geht es wieder darum, einfach zu assoziieren und erste Antworten zu finden auf die Frage:

Was bedeutet das Thema für mich?

Wir fragen also nicht zuerst danach, was wir schon über das Thema wissen. Zu schnell würden wir angelerntes Wissen wiedergeben, Erfahrungen und Erkenntnisse anderer. Wir selbst wären davon nicht betroffen. Wir fragen zunächst nach der Bedeutung, die das Thema für uns selber hat.
Ich lasse mich in die Problematik des Themas hineinziehen und spüre dem nach, was es mir persönlich bedeutet oder auch nicht bedeutet.
Ich blicke zurück und frage:

- *Wo ist mir das Thema schon begegnet? War ich damals selbst davon betroffen? Welche Gefühle hatte ich dabei?*

Bei der Vorbereitung einer Unterrichtseinheit über unser Verhältnis zu behinderten Kindern hat eine Studentin als erstes verschiedene Formen von Behinderung zusammengestellt. Eine andere hat in ihrer Biographie gestöbert und sich an verschiedene Begegnungen mit Behinderten erinnert. Die eine ging fast technokratisch vor. Sie stand außerhalb, referierte, ordnete Phänomene einander zu, war selbst unbeteiligt. Die andere ließ Betroffenheit zu. Sie erinnerte sich daran, daß sie einmal ein behindertes Kind füttern sollte. Ihr wurden die Ängste bewußt, die sie peinigten, als es darum ging, ob ihr Bruder nach einem Unfall querschnittgelähmt ist oder nicht. Sie dachte daran, wie sie der Film „Unser Walter" aufwühlte. Ob sie den wohl in Ausschnitten zeigen soll?[25] Sie erinnerte sich, wie ihre Schwester nach dem Film beunruhigt war. Sie war schwanger. Wird das Kind gesund sein? ...

Nicht immer und nicht bei jedem Thema hilft der Blick in die eigene Vergangenheit weiter, wenn es darum geht, die Problematik eines Themas persönlich zu erfassen. Eine gute Hilfe ist es dann, sich versuchsweise in die Menschen hineinzuversetzen, die von dem Thema unmittelbar oder mittelbar betroffen sind.

Es soll beispielsweise eine Unterrichtseinheit über die Problematik der Abtreibung vorbereitet werden. Im Lehrplan steht das Lernziel: Einsehen, daß das Leben auf Schutz angewiesen ist. Als Lerninhalt ist angegeben: Die Schutzbedürftigkeit des ungeborenen Lebens.[26]
Man kann aus der Position des unbeteiligten Beobachters an die Problematik herangehen, Statistiken befragen, prüfen, aus welchen Gründen die meisten Indikationen vorgenommen werden etc. Man stößt so auf wichtige Informationen – bleibt aber vermutlich selbst unbeteiligt.

---

25 Siebenteilige Spielfilmserie von Peter Schubert. Ein Eikon-Film aus dem Jahre 1974, der einfühlsam das Leben einer Familie mit einem mongoloiden Kind dokumentiert. Der Film ist in den meisten Medienzentralen auszuleihen.

26 Lehrplan für den evang. RU an Hauptschulen in Bayern, 1983, S. 56f., (8. Jahrgang).

Eine Studentin, die bisher weder selbst noch in ihrem näheren Bekanntenkreis mit dem Problem der Abtreibung konfrontiert war, versuchte, sich in die Situation hineinzudenken, indem sie nacheinander verschiedene Rollen durchprüfte: Ich habe mich in die Situation einer unmittelbar Betroffenen versetzt und nachempfunden, wie es mir zumute wäre, wenn ... Welche Gründe müßten gegeben sein, damit ich ...? Ich habe die Rolle des Partners durchgespielt, der zu- oder abrät, die Verantwortung des Arztes nachempfunden, der den Eingriff vornehmen soll. Ich habe mir vorgestellt, daß ich später als Pfarrerin vielleicht junge Frauen beraten soll ... In jeder Rolle stand ich vor neuen Einsichten und neuen Problemen. Ich hatte immer mehr Fragen ... Schließlich fiel mir das „Tagebuch eines Ungeborenen" ein. Ich versuchte, mich auch in das Kind im Mutterleib einzufühlen ...

Damit ich mir persönlich ein Thema erschließen kann, gehe ich stets zunächst einen der beiden geschilderten Wege: Ich frage, wo mir das Thema bisher schon begegnete, was der Anlaß war und wie ich mich dabei fühlte und verhielt. Finde ich keine Anhaltspunkte, überlege ich, wer von diesem Thema betroffen ist. Ich versuche dann, mich in seine Lage einzufühlen, seine Gedanken nachzudenken, sein Verhalten zu verstehen. Ich betrachte das Thema aus der Perspektive der unmittelbar und anschließend aus der der mittelbar Betroffenen. Beide Möglichkeiten eröffnen mir eine intensivere Auseinandersetzung mit dem Thema als die Beschäftigung mit ihm aus der Perspektive eines unbeteiligten Zuschauers. Indem ich persönliche Betroffenheit zulasse, der Ratlosigkeit und den Widersprüchen nicht ausweiche, schaffe ich eine Basis, die mich offen sein läßt für die Betroffenheit und die Fragen anderer. Kann ich von meinen Fragen und Nöten sprechen, so ermutige ich auch die Schüler, sich persönlich zu äußern.

Jeder sammelt in seinem Leben Erfahrungen, die sich zu einer Erfahrungsperspektive verdichten, aus der heraus er sein Leben und alle Probleme, denen er sich gegenüber sieht, wahrnimmt und bewertet. Diese Perspektive und die in ihr wirksamen theologischen Vorgaben gilt es zu entdecken. Von ihr sind die Antworten auf alle Lebensfragen mitbestimmt. Soll der eigene Blickwinkel nicht unbewußt Maßstab des Unterrichts sein, so müssen wir bewußt auf ihn achten. Der Blick in die eigene Biographie und der Versuch, die Rolle von Betroffenen durchzuspielen, können Schlüsselsituationen verdeutlichen.

Ich prüfe deshalb:

- *Welche Fragestellungen und Meinungen sind bei der Begegnung mit dem Thema (damals oder jetzt) in den Vordergrund getreten?*
- *Haben theologische Aspekte dabei eine Rolle gespielt?*

Die Begegnung mit fast jedem Thema bietet mir die Möglichkeit, meiner eigenen Lebenslinie auf die Spur zu kommen, meine Erfahrungsperspektive deutlicher zu erkennen. Ich merke dabei, wie ich durch vorgegebene Sichtweisen geprägt bin und wie ich mich aktiv mit ihnen auseinandergesetzt habe oder abmühen muß. Ich entdecke, wie theologische Positionen auch durch meine Sozialisation bedingt sind.

Ob behindertes Leben als Schande oder Chance, als Strafe Gottes oder als Aufgabe gesehen wird, hängt auch davon ab, wo ich lebe und unter welchen Voraussetzungen ich erstmals Behinderten begegnet bin. Wer daran gewöhnt ist, Leben in erster Linie nach Leistung und Nutzwert zu beurteilen, wird anders fühlen und reagieren als der, für den das Leid vorrangig Anlaß zum Mit-Leiden ist.

Als unbeteiligter Beobachter kann ich leicht zum Richter werden. Ich weiß, was gut und böse ist. Ich fühle mich als Anwalt der Theologie oder der Kirche, vielleicht manchmal sogar als Anwalt Gottes – und treffe Entscheidungen. Ich weiß schließlich, was sich gehört.

Sobald ich mich wirklich auf die Probleme einlasse, die Nöte nachempfinde, wird alles schwieriger. Eine Beraterin berichtet, daß eine Schwangere zu ihr gesagt hat: „Nie hätte ich gedacht, daß ich selber in diese Lage kommen könnte. Ich habe das doch immer nur abgelehnt. Aber wie anders ist das, wenn man selber betroffen ist."[27] Lassen wir uns auf die Betroffenen ein, ist es meistens mit der Eindeutigkeit vorbei. Die Fragen werden brennend. Die bisherige Erfahrungsperspektive kommt nicht selten ins Wanken. Nur so aber werden wir dem Thema gerecht und denen, die von der Problematik betroffen sind. Vielleicht auch der eine oder andere Schüler?

Erfahrungsperspektiven sind sehr konstant und prägen das Urteil – oft gegen bessere Einsicht. Dennoch sind sie nicht unveränderlich. Wodurch ändern sich Einstellungen?

Ein Student erzählt, daß ein Film über die Entwicklung des menschlichen Lebens von der Zeugung bis zur Geburt nicht nur seine Einstellung zum

27 H. Reller (Hg.), Das Leben bejahen. Aufgaben des Lebensschutzes im Zeichen der Notlagenindikation – Verlautbarungen der EKD und der VELKD aus dem Jahr 1980. Gütersloh 1980, S. 13.

Problem der Abtreibung, sondern zum Leben insgesamt in Frage gestellt hat. Ihm sei beim Nachdenken über diesen Film bewußt geworden, daß er Leben und Natur bisher nur daraufhin beurteilt habe, was sie für ihn bedeuteten. Er sei über sich erschrocken und arbeite daran, zu einer anderen Einstellung zu finden.
Im Blick auf die Umweltproblematik erleben heute viele Menschen einen ähnlichen Perspektivenwechsel.

Der Vergleich mit anderen Sichtweisen und die Reflexion der sie prägenden theologischen Vorgaben verdeutlichen mir die eigene. Ich begnüge mich allerdings nicht damit, daß ich andere Meinungen einfach feststelle. Ich möchte herausfinden, wodurch die von meiner Überzeugung abweichenden Meinungen verursacht und begründet sind. Woran hängt beispielsweise das Herz der Menschen, die nach wie vor gegen ein Tempolimit auf Autobahnen sind? Was ist denen wichtig, die die eigene Sicherheit höher achten als die Überlebenschance vieler Millionen? Und vor allem: Woran hängt eigentlich mein Herz? Und was hat das mit meinem Glauben zu tun? Luther sagt: „Woran du dein Herz hängst, das ist eigentlich dein Gott!" Es geht also bei fast allen Lebensfragen auch um Glaubensfragen.

Der persönliche Zugang zum Thema bewahrt mich davor, den Unterricht als neutraler Sachwalter vorzubereiten. Er öffnet den Blick auf meine eigene Einstellung und auf die anderer Betroffener. Meistens muß ich dabei aber auch erfahren, daß ich keine eindeutigen Antworten habe, sondern vor vielen Ungereimtheiten stehe. So leitet mich die persönliche Begegnung zur fachwissenschaftlichen und theologischen Arbeit an. Bevor ich den Ertrag der persönlichen Begegnung ordne, frage ich deshalb nach den Defiziten, die mir bewußt geworden sind:

- *Worüber muß ich mich noch informieren, um sachgerecht urteilen zu können?*

Der Studentin, die eine Unterrichtseinheit über die Problematik der Abtreibung vorzubereiten hatte, war beispielsweise bewußt geworden, daß sie fast nichts darüber weiß, wie Eingriffe vorgenommen werden. Auch ihre juristischen Kenntnisse waren kaum ausreichend. Schließlich wußte sie zwar, daß die röm.-kath. Kirche dagegen ist. Bedeutete dies aber, daß die evangelische Kirche dafür ist?

In der persönlichen Begegnung werden in der Regel mehr Fragen gestellt als beantwortet. Bevor ich sie systematisch bearbeite, versuche ich, die spontanen Einfälle und Assoziationen zu ordnen. Wie bei der persönlichen Begegnung mit einem biblischen Text orientiere ich mich dabei zunächst an den Lernzieldimensionen (vgl. S. 29) und in einem zweiten Anlauf daran, wie unterschiedlich leicht oder schwer mir der Zugang zu den einzelnen Teilaspekten des Themas fällt (vgl. S. 30). Dieser Strukturierungsversuch faßt meine bisherigen Überlegungen zusammen und zeigt mir, wie ich weiterarbeiten muß (vgl. S. 43). Lern- und Vermittlungsmöglichkeiten, die mir bei der persönlichen Begegnung durch den Kopf gingen, notiere ich. Vielleicht kann ich später auf sie zurückgreifen?

So wäre beispielsweise die Idee festzuhalten, mit Szenen aus dem Film „Unser Walter" Schülern eine Begegnung mit einem mongoloiden Kind zu ermöglichen. Auch der Text „Aus dem Tagebuch eines Ungeborenen" sollte nicht vergessen werden. Schließlich hatte die Studentin, die sich in die Rollen derer hineinversetzte, die mit dem Problem der Abtreibung konfrontiert waren, ein Rollenspiel überlegt: Eine Schülerin sagt ihren Eltern, daß sie schwanger ist. Der Vater plädiert für Abtreibung, die Mutter ist dagegen. Ein Lehrer/Pfarrer wird befragt ...

II. THEOLOGISCHE ORIENTIERUNG

Die systematische Bearbeitung eines Themas wirft meistens mehr Probleme auf als die eines Textes. Der Text ist vorgegeben. Man weiß, womit man zu beginnen hat. Beim Thema scheint dies viel schwieriger zu sein.

● Oft bietet der Lehrplan eine erste Orientierung. Das Thema ist dort eingebunden in einen größeren Zusammenhang. Dadurch sind Akzente gesetzt und manchmal ist sogar eine Strukturierung vorgezeichnet.

● Eine weitere Möglichkeit, die einzelnen Aspekte eines Themas auszuloten, eröffnet ein Blick in Lexika. Schon die Gliederung der Artikel läßt auf Teilaspekte des Themas aufmerksam werden.

In der Regel sind aber auch diese Teilaspekte noch so umfangreich und vielschichtig, daß die Entscheidung schwerfällt, womit man anfangen und womit aufhören soll.

Die einen greifen vorschnell auf Texte zurück. Sie ziehen einen biblischen Text heran und exegesieren ihn oder berufen sich auf theologische und kirchliche Verlautbarungen zum Thema. Sie wundern sich meistens, wenn sie keine Antworten auf die Fragen finden, die sie in der persönlichen Begegnung mit dem Thema bewegten. Andere gehen geschichtlich vor. Sie hoffen, alle Aspekte des Themas in den Blick zu bekommen, wenn sie die Problementwicklung nachzeichnen. Sie verlieren sich in der Regel in der Fülle des Materials. Das kann auch denen passieren, die nacheinander die verschiedenen Fachwissenschaften zum Thema abhören: Die Problematik der Schwangerschaftsunterbrechung in biologischer, medizinischer, soziologischer, psychologischer, sozialpädagogischer, therapeutischer, juristischer, theologischer Sicht etc.

Wir schlagen vor, den systematischen Zugang zu einem Thema auf zweifache Weise einzugrenzen. Die erste Eingrenzung haben wir bereits in der persönlichen Begegnung mit dem Thema vollzogen. Auch wenn dort am Ende mehr Fragen als Antworten zu notieren waren, so dürften es in der Regel die gewesen sein, auf die es ankommt, die dringend bearbeitet werden müssen.
Die zweite Eingrenzung ergibt sich dadurch, daß wir fragen:

Welche aktuelle Bedeutung hat das Thema?

Ich prüfe, ob und weshalb das Thema zur Zeit in der Presse und im Fernsehen eine Rolle spielt. Ich frage, wer an dem Thema Interesse hat und warum. Wer will was durchsetzen? Wer wäre davon betroffen? Sind bestimmte Parteien, Interessenverbände oder Gruppen daran besonders interessiert? Wen vertreten sie? Fühle ich mich der Argumentation einer dieser Gruppen verbunden? Weshalb? Kann ich die gegnerische Position verstehen, wenn ich sie schon nicht übernehmen kann? Bin ich mir meiner Meinung sicher?

Die Diskussion um den Schwangerschaftsabbruch ist beispielsweise nach dem Regierungswechsel 1982 wieder entflammt: Ist die Notlagenindikation eine verschleierte Fristenlösung? Kann Abtreibung auf Krankenschein der Solidargemeinschaft zugemutet werden? Diese und ähnliche Fragen werden in den Medien und bei Versammlungen heftig diskutiert. Wer und was steht dahinter? Wie werden die Einwände begründet? Welche Argumente verwenden die Gegner? Auf wessen Rücken wird der Streit ausgetragen? Kenne ich die wichtigen Argumente? Wie nehme ich Stellung? Für wen muß ich die Stimme erheben?

Habe ich mich persönlich dem Thema gestellt und die aktuelle Diskussion berücksichtigt, fällt es mir in der Regel nicht mehr schwer, zusammenfassend die Fragen zu formulieren, auf die es in der gegenwärtigen Diskussion ankommt und die ich bearbeiten muß. Ich bin darauf gefaßt, daß ich bei der Suche nach Antworten auf neue Fakten stoßen kann, die meine bisherigen Einstellungen in Frage stellen. Ihnen und dem Zu- und Anspruch des Evangeliums will ich mich stellen. Ich frage zunächst:

Welche fachwissenschaftlichen Erkenntnisse helfen zur Beurteilung der aktuellen Situation?

Ich frage bewußt zuerst die Human- und Sozialwissenschaften, bevor ich theologisch weiterarbeite. Ich will die wichtigen Phänomene zunächst möglichst genau beschreiben, ehe ich sie theologisch würdige. Ich könnte sonst mit theologisch richtigen Aussagen an der Wirklichkeit vorbeireden und verwundert feststellen, daß mir niemand zuhört.
Ich befrage die Fachwissenschaften nicht allgemein zum Thema. Aufgrund der Vorarbeit hat sich die Themenstellung zugespitzt. Ich habe präzise Fragen und suche nach prägnanten Antworten.

Für die Unterrichtseinheit über Abtreibung könnte es beispielsweise darum gehen, von der Medizin Antwort auf folgende Fragen zu erhalten: Ab wann kann keimendes Leben als menschliches Leben bezeichnet werden? Wie werden Eingriffe vorgenommen? Welche Neben- und Nachwirkungen haben die einzelnen Methoden? Wird durch sie die Empfängnismöglichkeit beeinträchtigt? Von der Psychologie könnte man erfahren, wie sich Eingriffe auf die Psyche der Frauen auswirken und wie Betroffenen in solchen Situationen geholfen werden kann. Die Soziologie könnte darüber Auskunft geben, in welchen Schichten am häufigsten Eingriffe vorgenommen werden und ob es stimmt, daß evangelische Frauen viel häufiger abtreiben lassen als katholische. Die seit 1976 geltende Rechtslage ist bei den Juristen zu erfahren etc.
Nicht immer müssen so viele Fachwissenschaften mit offenen Fragen bemüht werden. Es wird zwar selten vorkommen, daß es überhaupt keine Fragen an die Fachwissenschaften gibt, häufig richten sie sich aber nur an zwei oder drei Disziplinen.

Antworten auf meine Fragen finde ich vor allem auf drei Wegen:

- Ich orientiere mich in den entsprechenden Fachwörterbüchern. Sie sind aber nicht immer griffbereit und auch nicht alle auf dem neuesten Stand. Die Reform des § 218 beispielsweise wird in vielen großen Lexika noch nicht beschrieben.

- Unterrichtsmodelle zum Thema bieten oft eine kurze und hilfreiche Zusammenstellung der wichtigsten Fakten. Auch hier muß ich darauf achten, daß ich nicht mit veraltetem Material weiterarbeite.

- Die entsprechende Fachliteratur ist meistens zu umfangreich, schwer greifbar und auch über Stichwortverzeichnisse nicht immer leicht zu erschließen. Ich wende mich deshalb gerne an die einschlägigen Fachleute. Sie finde ich in der Gemeinde oder sogar in meinem

Bekanntenkreis. Oft genügt ein Anruf, um die aktuellen Informationen direkt zu erfahren.

Die fachwissenschaftlichen Erkenntnisse helfen mir, den Sachverhalt möglichst präzise zu beschreiben. Doch oft sind die erhaltenen Informationen nicht eindeutig. Auch unter Medizinern, Psychologen, Juristen etc. gibt es unterschiedliche Auffassungen. Ich muß mich entscheiden. Welcher Argumentation schließe ich mich an? Von welcher Annahme will ich ausgehen? Wie begründe ich meine Entscheidung?
Ethische Konsequenzen kann ich aus dem analytischen und thetischen Material der Fachwissenschaften nur bedingt oder überhaupt nicht ableiten. Ich frage deshalb folgerichtig weiter:

Welche theologischen Einsichten helfen zur Deutung und Klärung der aktuellen Fragestellungen?

Ich frage auch jetzt nicht zuerst nach biblischen Texten, sondern nach theologischen Einsichten. Es ist inzwischen in der Religionspädagogik schon Allgemeingut, daß bei der Bearbeitung von Themen und Problemen nicht die Exegese und die biblische Wissenschaft vorrangig zu befragen sind, sondern die Systematische Theologie.[28] Dafür sprechen mehrere Gründe:

- Viele Stichworte, die von aktueller Bedeutung sind, suchen wir in der Konkordanz vergeblich. Finden wir sie doch, so führen die nachgeschlagenen Stellen meistens nicht zu eindeutigen Antworten.

- Verwenden wir die Bibel als einen Steinbruch, aus dem wir je nach Bedarf den einen oder anderen Stein herausbrechen, ohne die Intention des jeweiligen Verfassers, die zeitgebundene Bedeutung des Textes und den theologischen Kontext ausreichend zu berücksichtigen, so droht theologische Beliebigkeit. Dies ist leider nicht selten.

- Der normative Mißbrauch biblischer Texte erliegt leicht der Gefahr, die Bibel zu funktionalisieren. Biblische Texte werden oft nur als Belege für Einsichten benutzt, die ohne Rücksicht auf die biblische Botschaft zuvor gewonnen wurden.

---

28 Vgl. u. a. R. Lachmann, Verständnis und Aufgaben religionsunterrichtlicher Fachdidaktik, in: G. Adam / R. Lachmann (Hg.), Religionspädagogisches Kompendium, Göttingen 1984, S. 17; U. Früchtel, Leitfaden Religionsunterricht, Zürich-Köln 1977, S. 88; K. Wegenast, Der RU in der Sekundarstufe I, Gütersloh 1980, S. 146ff.

Wir fragen nach theologischen Einsichten und bemühen damit die Systematische Theologie. Hilfreich sind für uns nur solche systematischen Entwürfe, die Analysen und Erkenntnisse der Human- und Sozialwissenschaften aufnehmen und im Gespräch mit diesen Wissenschaften versuchen, die biblische Überlieferung in die heutige Situation zu übertragen. Systematische Entwürfe, die das nicht leisten, sind für die Religionspädagogik nicht tauglich. Wie aber kann ein Thema im Rahmen der Unterrichtsvorbereitung systematisch-theologisch erschlossen werden?

Ich kann induktiv vorgehen und die Teilaspekte des Themas, die ich mit Hilfe der Fachwissenschaften präzisiert habe, auf theologische Bezüge untersuchen. In der Regel ist der deduktive Weg nicht nur einfacher, sondern auch hilfreicher: Ich gehe von einem systematisch-theologischen Konzept aus und befrage von ihm her das Thema. Im Rahmen der Unterrichtsvorbereitung ist es dabei weder nötig noch sinnvoll, dicke Dogmatikbände durchzustöbern und nach theologischen Einsichten zum Thema zu befragen. Es genügt, wenn ich mich an „Grundformeln des christlichen Glaubens" orientiere – wie z. B. an den drei Artikeln des Glaubensbekenntnisses und deren Auslegung durch Luther im Kleinen Katechismus – und von ihnen her entsprechende Fragen an das Thema stelle.
In verschiedenen religionspädagogischen Entwürfen wurden in jüngster Zeit solche Grundmuster des Glaubens als Hilfe für die theologische Bearbeitung von Themen angeboten. Sie alle lassen sich mehr oder weniger deutlich auf die Aussagen des Credos zurückführen.

U. Früchtel schlägt beispielsweise „fünf fundamentale Grundsymbole" vor, mit deren Hilfe Themen erschlossen werden sollen: die Gottebenbildlichkeit des Menschen, seine Entfremdung, die Aufhebung der Entfremdung, die Hoffnung und die Nachfolge.[29]

K. Wegenast beschränkt sich auf vier Aspekte, die bei jeder theologischen Konzeption, sofern sie christlich sein will, zur Geltung kommen müssen:
„– der Glaube an die Schöpfung mit den ihm entsprechenden Grundgedanken der Unantastbarkeit des von Gott geschaffenen Menschen, der Weltlichkeit der Welt, des Geschenkcharakters allen Lebens, der Verantwortlichkeit des Menschen für Gottes Schöpfung;
– das im Glauben an Gottes Vergebung gründende Wissen um die Entfremdung des Menschen von seiner Bestimmung in der Form der Verfallenheit an Ideale und Ideologien, Dinge und Menschen, Angst und Interessen;
– der Glaube an die Rechtfertigung des Gottlosen mit der ihm eigenen

29 U. Früchtel, a.a.O., S. 91 ff.

Unterscheidung von Gesetz und Evangelium und der entsprechenden Gewißheit, daß es keinen Menschen gibt, der nicht geliebt wäre (hierher gehört auch die Gewißheit, daß kein Zwang endgültig binden kann, und die Botschaft von der Freiheit zum Dienst an der Welt und ihren Menschen);
– die Hoffnung auf die Vollendung, die Gottes Sache ist, uns aber schon heute dazu motiviert, den Blick auf den Kommenden zu richten und das Bestehende unter dem Anspruch des Kommenden zu verändern, ohne diese Veränderung zu vergötzen."[30]

Diese systematisch-theologischen Grundmuster haben den Vorteil, daß sie nicht aus der jeweiligen Problematik abzuleiten und deshalb jeweils bereits von ihr geprägt sind. Wir treten mit ihnen gleichsam von außen an das Thema heran und können es so aus einer veränderten Perspektive betrachten und auf neue Aspekte aufmerksam werden.

Verdeutlichen wir uns dies nochmals am Beispiel der Abtreibungsproblematik:

- Weil wir an den Schöpfergott glauben und vom Ja Gottes zu allem Leben wissen, sehen wir auch das entstehende Leben aus dieser Perspektive.
- Auch wenn im Einzelfall die Motive für eine Schwangerschaftsunterbrechung anerkennenswert sind, werden die Beteiligten mit jedem Eingriff schuldig. Wir wissen aber, daß wir auch dort schuldig werden, wo wir zwar dem Gesetz genügen, dem Mitmenschen aber mitleidslos begegnen. „Ein Nein zum Schwangerschaftsabbruch ist noch kein Ja zum Leben."[31]
- Gottes Rechtfertigung gilt gerade dem, der zur Liebe nicht mehr fähig ist. Gott will nicht, daß Menschen unter dem Gesetz zusammenbrechen. Sünde stellt uns nicht außerhalb der Liebe Gottes.
- In der Nachfolge Jesu und in der Hoffnung darauf, daß er alles zurechtbringen wird, begegnen wir denen, die Hilfe brauchen, und denen, die sich zum Abbruch entschieden haben. Zum Schutz des Lebens gehört es für uns, daß wir Lebensbedingungen schaffen, die die Annahme des ungeborenen Lebens durch die Mutter erleichtern. Welche Hilfen bieten wir an? Wie steht es um die psychologisch-medizinische Beratung, um wirtschaftliche Unterstützung, um Hilfen bei der Adoptionsvermittlung? Wie können wir dazu beitragen, daß Alleinerziehende nicht benachteiligt und uneheliche Kinder nicht diskriminiert werden?

Theologische Grundmuster können im Rahmen der Unterrichtsvorbereitung unterschiedliche Funktionen wahrnehmen:

- Sie bieten eine Möglichkeit an, das Thema neu zu strukturieren.

30 K. Wegenast, a.a.O., S. 152; vgl. ders., Der christliche Glaube als Lehre im RU, in: G. Adam / R. Lachmann, Religionspädagogisches Kompendium, Göttingen 1984, S. 224ff., bes. S. 232f.

31 H. Reller (Hg.), a.a.O., S. 11.

– Sie ermöglichen die theologische Deutung einzelner Aspekte.
– Sie dienen der Suche nach theologisch relevanten Bezügen und helfen, Gottes Zuspruch und Anspruch anhand des Themas zu konkretisieren.
– Sie sind nicht nur bei der theologischen Deutung der jeweiligen Lebenswirklichkeit hilfreich, sondern auch bei der Analyse einschlägiger theologischer und kirchlicher Stellungnahmen.
– Sie bewahren davor, einseitig eine theologische Meinung zu verfechten. Auch wenn sie nur selten zu eindeutigen, inhaltlich festgelegten Anweisungen führen, so eröffnen sie doch neue Perspektiven, denen es zu folgen gilt.
– In vielen Fällen sind die theologischen Grundmuster auch eine Strukturierungshilfe für die zu planende Unterrichtseinheit.

Ich entscheide mich anhand der theologischen Grundmuster für bestimmte theologische Antworten und Anfragen. Diese meine Entscheidung darf nicht verhindern, daß auch andere theologische Konzepte zur Sprache kommen. Ich will nicht durch Engführungen einem religionspädagogischen Imperialismus verfallen, sondern durch die offene Auseinandersetzung dazu beitragen, daß auch meine Schüler eine eigene Entscheidung treffen können. Durch die Grundmuster lasse ich mich dazu anregen.

Erst in dieser Phase der Vorbereitung blicke ich auf die biblische und kirchengeschichtliche Tradition und frage:

- *In welchen biblischen und nachbiblischen Erfahrungen wird die theologische Bedeutung des Themas anschaulich? Gibt es Personen, in deren Leben dies besonders Gestalt gewinnt?*

Oder anders: Welche Gestalten aus Vergangenheit und Gegenwart, an denen gelebter Glaube sichtbar wird, könnten helfen, die durch die Grundmuster erkannten theologischen Perspektiven zu veranschaulichen? Welche konkreten Glaubens- und Lebensmöglichkeiten vermitteln sie? Welche biblischen Texte kommen dabei ins Spiel?

Ich habe mit Hilfe der theologischen Grundmuster das Thema strukturiert und aus der Perspektive des Glaubens betrachtet. Jetzt suche ich nach Beispielen, an denen deutlich wird, wie im Blick auf die verhandelte Problematik gelebter Glaube konkret aussehen kann.

Die Bibel und die Kirchengeschichte enthalten zu den einzelnen Grundsymbolen des Glaubens ein unerschöpfliches Erzählpotential.

Die wichtigen Lebensfragen haben auch unsere Vorfahren schon beschäftigt. Sie haben versucht, ihr Leben aus dem Glauben zu deuten und uns die daraus gewonnenen Erfahrungen vermittelt, damit wir unser Leben und alle auftauchenden Probleme aus der Perspektive ihrer Erfahrungen sehen und deuten lernen. Der Erfahrungsaustausch darf aber nicht darüber hinwegtäuschen, daß ihre Situation sich fast immer von unserer unterscheidet. Nicht auf die Übernahme ihrer Antworten, sondern auf die Übernahme ihrer Perspektive kommt es an.

Biblische Texte, die ich im Zusammenhang mit dem Thema aufgreifen will, exegesiere ich nach den bekannten Regeln. Ich orientiere mich dabei an den Erläuterungen zur Vorbereitung einer Unterrichtseinheit bei einem vorgegebenen biblischen Text (vgl. S. 30f.). Besonders hilfreich ist es, wenn ich beim Blick in die Bibel, in die Kirchen- oder Zeitgeschichte auf Menschen stoße, an denen deutlich wird, was hinsichtlich des Themas gelebter Glaube bedeuten könnte. Sie ermöglichen Identifikation. Ich kann mich in sie hineinversetzen, ihre Situation und dann auch meine aus ihrer Perspektive nacherleben, alternative Sichtweisen ausprobieren, wie es im Kapitel A2 beschrieben wurde. In der Begegnung mit ihnen wird am ehesten deutlich, was es heißt, ein Problem ganzheitlich zu sehen und als Christ vom Glauben her zu durchdringen.

Den Ertrag meiner bisherigen theologisch-systematischen Arbeit überprüfe ich und frage:

- *Welche Argumente aus theologischen und kirchlichen Stellungnahmen tragen zur Klärung bei? Sind unterschiedliche Positionen zu berücksichtigen?*

- Ich möchte meine Einstellungen und Einsichten mit relevanten Äußerungen vergleichen. Dabei kommt es mir darauf an, möglichst auch abweichende Positionen zu berücksichtigen. Wie haben beispielsweise andere Kirchen zur verhandelten Frage Stellung genommen? Wird das Thema in einzelnen Frömmigkeitsbewegungen unterschiedlich beurteilt? Welche Argumentationsweise ist mir vertraut? Welche ist mir fremd? Weshalb?

- Ich unterrichte eine Klasse, die zuvor und danach auch andere Religionslehrer hatte und haben wird. Meine Schüler sollen erkennen, daß ich mich als Glied meiner Kirche mit dem auseinandersetze und an dem orientiere, was in theologischen und kirchlichen Stellungnahmen zum Thema veröffentlicht wurde.

- Ich prüfe, ob einzelne Texte oder Textabschnitte sich für den Einsatz im RU eignen.

Ich habe mit diesem zweiten Schritt der Unterrichtsvorbereitung die aktuelle Bedeutung des Themas beschrieben, nach den fachwissenschaftlichen Erkenntnissen gefragt, die zur Beurteilung der aktuellen Situation helfen, und nach den theologischen Einsichten, die zur Deutung und Klärung der aktuellen Fragestellung helfen. Abschließend frage ich:

- *Was trägt nun die Theologie zur Deutung und Klärung der aktuellen Thematik bei?*

Nur selten führt die theologische Arbeit zu eindeutigen Antworten. Fast immer aber hilft sie zu einem vertieften Verständnis, läßt aufmerksam werden auf neue Aspekte, lädt ein zum Gespräch. Sie ermöglicht, das Thema aus der Perspektive des Glaubens zu sehen. Sie möchte dazu beitragen, Glaube als Lebensmöglichkeit zu verstehen.

Ich notiere die Ergebnisse und prüfe, ob sie im Gespräch mit den anderen Fachwissenschaften gewonnen wurden und auf die aktuelle Situation bezogen sind.

Alle Ergebnisse der theologischen Orientierung fasse ich nun zusammen. Ich gehe dabei ähnlich vor wie in der entsprechenden Arbeitsphase bei einem vorgegebenen Text (vgl. S. 31 und 49f.). Ich ordne wieder zunächst anhand folgender drei Fragen:

- *Welche inhaltlichen Aspekte des Themas sind mir jetzt wichtig?*
- *Inwiefern haben sich meine Empfindungen und Einstellungen verändert?*
- *Inwiefern berührt das Ergebnis mein Verhalten?*

Die Antworten vergleiche ich mit dem Ertrag meiner persönlichen Begegnung mit dem Thema und frage:

- *Was hat sich an meinen Zugängen zu einzelnen Aspekten des Themas durch meine systematisch-theologische Arbeit geändert?*

Die Vermittlungsmöglichkeiten, die mir bei der systematischen Erarbeitung des Themas eingefallen sind, füge ich denen hinzu, die ich nach der persönlichen Begegnung notiert habe. Ich achte in dieser Arbeitsphase besonders auf inhaltliche Aspekte, die im Unterricht verwendet werden können, notiere Texte, einzelne Argumente, Inhaltsbeschreibungen von Filmen etc. Vielleicht kann ich das Material später brauchen.

Die drei weiteren Schritte der Unterrichtsvorbereitung bei einem vorgegebenen Thema entsprechen bis in die Einzelfragen weitgehend denen bei einem vorgegebenen Text (vgl. S. 32ff. und 53ff.). Statt „Text" und „im Text überliefertes Geschehen" ist nur jeweils „Thema" einzusetzen. Auf eine ausführliche Darstellung und Erläuterung der Schritte III bis V verzichten wir hier. Wir weisen nur auf einige Besonderheiten hin.

III. DIDAKTISCHE ORIENTIERUNG

Was könnte bei meinen Schülern mitschwingen, wenn sie dem Thema erstmals oder erneut begegnen?
Was könnten meine Schüler in der Begegnung mit dem Thema lernen?

Die Antworten auf diese Fragen fallen schwerer als bei einem vorgegebenen Text. Der Text liegt als Gegenüber vor. Beim Thema sind die Möglichkeiten so umfassend und vielfältig wie das Thema selbst. Bei der persönlichen Begegnung und der theologischen Orientierung wurde das Thema schon zweimal eingegrenzt. Hier geht es um eine wichtige dritte Eingrenzung. Fragen wie die folgenden helfen dabei:

- Welche Aspekte des Themas sind für meine Schüler wichtig?
- In welchen Lebenssituationen und Erfahrungsbereichen begegnen sie dem Thema?
- Was wissen sie schon über das Thema?
- Welche emotionalen Einstellungen zu einzelnen Aspekten des Themas sind bei den Schülern zu erwarten?
- Inwiefern ist ihr Verhalten davon berührt?

Vom Thema Abtreibung sind Schülerinnen und Schüler des 8. Jahrgangs anders betroffen als drei Jahre ältere Schülerinnen und Schüler in der

Berufsschule. Dort wird die Betroffenheit einer Klasse von Arzthelferinnen sicher anders sein als die von Verkäuferinnen oder Bauzeichnern.

Bei der Suche nach Lernmöglichkeiten lasse ich mich davon leiten, daß meine Schüler in den meisten Fällen praktische Lebenshilfe in der gemeinsamen Erörterung gegenwartsbezogener Lösungsmodelle suchen. Ich achte besonders auf Möglichkeiten, die vorhandenen Alltags- und Grunderfahrungen mit Glaubenserfahrungen zu verknüpfen oder kontrastieren. Im einzelnen verfahre ich so, wie es im Abschnitt A2 beschrieben wurde (vgl. S. 58ff.).

IV. DIDAKTISCHE ENTSCHEIDUNGEN

Auch hier folge ich den Angaben im Abschnitt A2 (vgl. S. 60ff.). Ein besonderes Gewicht hat bei der Vorbereitung, die von einem Thema ausgeht, die Auswahl der Inhalte. Es ist fast nie ein Text unmittelbar vorgegeben.

Zur Entscheidungsfindung stelle ich folgende zusätzliche Fragen:
- Welche thematischen Schwerpunkte ergeben sich durch die ausgewählten Ziele?
- Welche aktuellen Texte bieten sich für diese Schwerpunkte an?
- Welche Filme oder Filmausschnitte können Inhalte veranschaulichen?
- Welche biblischen Texte möchte ich einbeziehen?

Bereits in der persönlichen Begegnung, vor allem aber bei der systematischen Erarbeitung des Themas bin ich Texten begegnet, habe mich an Filme und Reportagen im Fernsehen erinnert, Zeitungsausschnitte gesammelt. Auch aus der Literatur (Lieder, Erzählungen, Biographien etc.) und der darstellenden Kunst kenne ich Texte und Bilder, die bei der Analyse oder Deutung helfen. Stärker noch als zuvor erkenne ich dabei die oft fließenden Übergänge zwischen Inhalt und Medium. Ich sichte das gesamte Material und treffe begründete Entscheidungen.

V. VERLAUFSPLANUNG

Bei der übersichtlichen Zusammenstellung des geplanten Unterrichtsverlaufs verfahre ich wie bei der Vorbereitung, die von einem vorgegebenen Text ausgeht (vgl. S. 73ff.).

C Vorbereitung in der Lernphase bei vorgegebenem Traditionsgut

Seit einigen Jahren werden wieder vermehrt kirchengeschichtliche Themen und Texte im RU behandelt. Einblicke in entscheidende Epochen, wichtige Dokumente, Lieder und Bekenntnisse sollen den Schülern vermittelt werden. Erfahrungsbezogener RU greift diese Tendenz gern auf, denn die Wirkungsgeschichte des Evangeliums ist die Geschichte von Erfahrungen.

Die Vorbereitung des RU bei vorgegebenem Traditionsgut geschieht in den bekannten fünf Schritten. Soll eine Unterrichtseinheit über einen vorgegebenen Text (Lieder, Katechismustexte, Dokumente etc.) vorbereitet werden, helfen die Abschnitte A1 und A2 weiter, bei vorgegebenen kirchengeschichtlichen Themen die Abschnitte B1 und B2. Nur wenige Akzente sind anders zu setzen. Auf sie weisen wir im folgenden ergänzend hin.

I. PERSÖNLICHE BEGEGNUNG

Sie ist hier genauso wichtig wie bei vorgegebenen biblischen Texten und aktuellen Themen. Ich frage deshalb:

Was bedeutet das überlieferte Geschehen für mich?

Ich möchte mich einlassen auf Gestalten und Dokumente der Geschichte, sie nicht nur aus meiner Sicht beurteilen, sondern sie unter den damaligen Umständen zu verstehen suchen. Ich lasse mich deshalb in das Geschehen hineinziehen. Ich orientiere mich dabei an den Fragen und Erläuterungen in A2 und B2.

Wie unterschiedlich der persönliche Zugang zu kirchengeschichtlichen Themen sein kann, verdeutlicht das folgende Beispiel. Es war eine Unterrichtseinheit über die Anfänge der Mission in Neuguinea vorzubereiten. Eine Studentin erinnert sich, daß ihre Großmutter oft von Missionaren erzählte und einmal von einem Besuch im Missionsmuseum in Neuendettelsau ein Geschenk mitbrachte. Damals hatte sie den Wunsch gefaßt, Missionarin zu werden. Eine andere Studentin assoziiert bei dem gleichen Thema Begriffe: Imperialismus, Unterdrückung, Ausbeutung. Beide werden sich ihrer Vor-Urteile bewußt und können deshalb dem Thema unbefangener begegnen. Eine dritte kann sich an Vor-Urteile nicht erinnern. Sie versucht Zugang zu finden, indem sie sich mit den ersten Missionaren in Neuguinea identifiziert, deren Schwierigkeiten und Überzeugungen nachzuempfinden versucht.

II. THEOLOGISCHE ORIENTIERUNG

Bei vorgegebenen Texten frage ich wie bei den biblischen Texten:

Wer spricht zu wem in welcher Absicht?

Die bei biblischen Texten aufgeführten Einzelfragen (vgl. S. 30) akzentuiere ich bei kirchengeschichtlichen Texten etwas anders:

- Die Frage nach dem Textzusammenhang stellt sich genauso, wenn ich Textauszüge zu bearbeiten habe. Sie ist hier in der Regel aber umfassender. Ich versuche schon mit dieser Frage die geschichtlichen Zusammenhänge zu entdecken, die mir helfen, das in den Texten überlieferte Geschehen zu erschließen.
- Auf die sprachliche Gestalt der Texte achte ich auch hier. Kann ich aus ihr Handlungsvollzüge rekonstruieren, in denen der Text Bedeutung hatte? Kann ich dem Wirken der Personen nachgehen, die dabei eine wichtige Rolle spielten? Welchen Bildern und Symbolen gibt der Text Raum?
- Welche Begriffe muß ich analysieren, um die Erfahrungen zu entdecken, die in ihnen geronnen sind?
- Besonderes Gewicht erhält die Frage nach der Zeitgeschichte. Habe ich genaue Vorstellungen? Kenne ich die politischen, wirtschaftlichen, kulturellen und sozialen Verhältnisse jener Zeit?

Texte sind immer zeitgebunden. Ich will Schüler ausführlich über die Zeit informieren, in der die Texte entstanden sind. Damit ich von dieser Zeit anschaulich erzählen kann, brauche ich die nötigen geschichtlichen Einzelkenntnisse. Biographien und Bilder aus jener Zeit, der Besuch von Museen und zeitgenössischer Gebäude etc. bieten mir das nötige Anschauungsmaterial.
Ich möchte den Schülern die Zeit deutlich vor Augen stellen, damit die Texte keine zeitlose Normativität erlangen, sondern wirklich als Dokumente einer bestimmten Epoche verstanden werden können. Glaubenslieder aus dem 30jährigen Krieg beispielsweise können zu falschen Assoziationen und fatalen Konsequenzen führen, wenn sie unreflektiert aus der notvollen Situation gelöst werden, in der sie entstanden sind.

• Bei der Frage nach dem gesamtbiblischen Zeugnis suche ich nach biblischen Bezügen. Welche Aspekte der biblischen Botschaft wurden in den Texten wie aufgenommen? In welchem größeren theologischen Kontext steht der Text?
• Schließlich frage ich nach der Wirkungsgeschichte und der aktuellen Bedeutung des Textes. In welchen Konfessionen oder frömmigkeitsgeschichtlichen Zusammenhängen spielt der Text eine besondere Rolle? Hat er in heutigen Glaubensvollzügen eine bestimmte Funktion oder für einzelne Gruppen eine besondere Bedeutung?

Den Ertrag der theologischen Orientierung fasse ich in der bereits bekannten Weise zusammen (vgl. S. 31 und 49f.).

Soll ich über *kirchengeschichtliche Epochen oder Themen* eine Unterrichtseinheit vorbereiten, folge ich bei der theologischen Orientierung weitgehend dem auf S. 79f. und 87ff. dargestellten Vorgehen. Ich frage:

- *Welche aktuelle Bedeutung hat die kirchengeschichtliche Epoche / das geschichtliche Thema?*
- *Welche fachwissenschaftlichen Erkenntnisse helfen zur Beurteilung der Epoche / des Themas?*
- *Welche theologischen Einsichten helfen zur Deutung und Klärung?*

Auch hier wollen wir die Einzelfragen nicht wiederholen, sondern nur auf einige Punkte ergänzend aufmerksam machen.

• *Die aktuelle Bedeutung* bestimmter Epochen und Themen ist nicht immer leicht zu erkennen. Nur selten liegt sie auf der Hand. Doch bei entsprechender Reflexion lassen sich oft erstaunliche Bezüge herstellen. Epochen und Themen ohne aktuelle Bedeutung kann ich im RU vernachlässigen.

Die Geschichte des Mönchtums scheint auf den ersten Blick ohne aktuelle Bedeutung zu sein. Doch auch hier lassen sich Linien ausziehen bis in unsere Zeit. „Kampf und Kontemplation" gilt nicht nur in Taizé als Losung. Viele Gruppen in der Kirche bemühen sich heute um ein entsprechendes überzeugendes Leben aus Glauben. Auch zum Rückzug in die Einsamkeit, zum Aussteigen aus der Gesellschaft lassen sich Verbindungen knüpfen.

• *Die Fragen nach fachwissenschaftlichen Erkenntnissen* reduzieren sich hier verständlicherweise fast immer auf Fragen an die historische Wissenschaft. Gelegentlich werden auch psychologische Phänomene interessant.

Ich frage nicht nur nach der Geschichte der Kirche, sondern untersuche auch, wie sich die Kirchen, Gruppen oder einzelne Christen in die Weltpolitik eingemischt oder aus ihr zurückgezogen haben. Dabei gewinnt die Sozialgeschichte eine besondere Bedeutung. Es geht nicht vorrangig um Kaiser und Könige, um Siege und Niederlagen, sondern darum, wie unter gegebenen Verhältnissen Menschen ihrem Glauben Gestalt zu geben versuchten. Wie und wovon haben sie gelebt? Wie haben sie sich verstanden? Wie waren die Herrschaftsverhältnisse geordnet etc.? Woran knüpfen sie an? Worauf berufen sie sich?

- Bei der *Frage nach den theologischen Einsichten,* die zur Deutung und Klärung helfen, halte ich mich an die auf S. 90ff. begründete Abfolge. Ich frage nicht zuerst nach biblischen Bezügen, sondern strukturiere die theologische Interpretation an systematischen Grundmustern.

Die theologische Orientierung führt mich bei dem Thema „Anfänge der Mission in Neuguinea" so nicht nur zum Missionsbefehl Jesu. Ich stoße an Hand der systematischen Grundmuster auf den Auftrag, aber auch auf die Verfehlungen, das Eingeständnis von Fehlentwicklungen, auf neue Chancen in der gemeinsamen Nachfolge, auf Hoffnungen etc.

Die Grundmuster öffnen mir den Blick auf neue Beziehungen. Jetzt kann ich umfassender die Verbindungen zu biblischen Texten herstellen (vgl. S. 93f.). Ich kann die Wirkungsgeschichte der biblischen Botschaft nachzeichnen, entdecken, wie das Evangelium zu neuen Erfahrungen verhalf, auf Kontinuität und auf Brüche aufmerksam werden.

Den Ertrag dieses Schrittes fasse ich wieder anhand der bereits bekannten Fragen zusammen (vgl. S. 73ff.).

III. DIDAKTISCHE ORIENTIERUNG

Hier folge ich den Ausführungen in A2 und B2. Zusätzlich zu den dort aufgeführten Fragen stelle ich zwei weitere:

- *Wie weit ist die Fähigkeit zum geschichtlichen Denken bei meinen Schülern bereits ausgeprägt?*

Die Lernpsychologie lehrt uns, daß Kinder erst ab dem 10. Lebensjahr allmählich geschichtliche Zusammenhänge erfassen können. In der

Grundschule begnüge ich mich deshalb damit, sie mit dem kirchlichen Brauchtum und einzelnen kirchengeschichtlichen Ereignissen ihrer engeren Heimat vertraut zu machen. Erst ab dem 6. Jahrgang greife ich ausgewählte Epochen auf, behandele sie aber noch wie einzelne Mosaiksteine, bilde erste Vorstellungsinseln. Verknüpfungen sind erst ab dem 8. Jahrgang sinnvoll. Erst dann kann ich aus den einzelnen Mosaiksteinen nach und nach ein Mosaikbild zusammensetzen. Die Kirchengeschichte als Problemgeschichte thematisiere ich ab dem 10. Jahrgang.

Auf der Suche nach Lernmöglichkeiten prüfe ich bei kirchengeschichtlichen Themen:

- *Was können meine Schüler lernen, wenn ich ihnen die Epoche an exemplarischen Gestalten, im Querschnitt oder im Längsschnitt vorstelle?*

Führe ich meine Schüler anhand ausgewählter *Einzelerfahrungen* in das Besondere einer Epoche ein, so können sie in der Regel über die Identifikation mit den Gestalten besonders gut die Fragen und Nöte, Gestaltungsversuche und Hoffnungen einer Zeit nacherleben. Ausführlich vom Alltag eines Klosters oder vom Leben eines Mönchs zu erzählen, eröffnet Lernmöglichkeiten, die verschlossen sind, wenn ich argumentativ die Geschichte des Mönchtums referiere.
Ich kann eine geschichtliche Epoche aber auch *im Querschnitt* darstellen. Ich schildere die sozialen, wirtschaftlichen und politischen Verhältnisse, zeige, was damals auf dem Spiel stand, wie die Christen versuchten, ihre Zeit von der biblischen Botschaft her zu deuten und zu gestalten, wie sie versuchten, eigene Wege zu gehen, wie sie Impulse setzten – auch für uns.

Entscheide ich mich für die Darstellung im *Längsschnitt,* achte ich besonders auf den Zusammenhang: Was ging voraus, was folgte? Die Schüler sollen das je Vorhandene und letztlich auch ihre Situation aus dem Gewordensein erklären können und entdecken, welche Spuren der christliche Glaube in der Geschichte hinterlassen hat.

In jedem der drei Fälle frage ich dann in gewohnter Weise hinsichtlich der Lernzieldimensionen und der Zugänge nach konkreten Lernmöglichkeiten (vgl. S. 58f.).

IV. DIDAKTISCHE ENTSCHEIDUNGEN

V. VERLAUFSPLANUNG

Bei den beiden letzten Schritten orientiere ich mich an den entsprechenden Ausführungen in A2.

3. Teil Tips für Praktiker

Unterrichtsvorbereitung in der Übungsphase und der folgenden Praxis

Meine ersten Unterrichtsstunden waren vermutlich ausgewählte Einzelstunden in einer Praktikums- oder Seminarklasse. Jetzt habe ich meine eigenen Klassen zu unterrichten, habe den RU unter Alltagsbedingungen zu erteilen. Mit diesem Wechsel bekommt auch meine Unterrichtsvorbereitung ein anderes Gesicht:

● Ging es in der Anfängersituation darum, die Hürde einer einzelnen Unterrichtsstunde zu meistern, so muß der Unterricht jetzt unter dem Blickwinkel eines ganzen Schuljahres angelegt, geplant und durchgeführt werden. Ich muß mich in dem Gefüge von *Übersichts- und Detailplanung,* d.h. von Jahresplanung, Planung größerer Einheiten, Vorbereitung der Einzelstunden zurechtfinden.

● Waren die Ziele und Inhalte meiner ersten Unterrichtsversuche meist von der Lernsituation bestimmt, etwa von besonderen Unterrichtsabsichten, die sich im Seminarprozeß herausschälten, von der Auswahl solcher Themen, die für einen Anfänger als besonders günstig erschienen, von persönlichen Interessen für bestimmte Zusammenhänge, denen ich nachgehen durfte, so muß ich mich jetzt der ganzen Breite der für die einzelnen Jahrgänge vorgesehenen Themen stellen. Ich muß lernen, mit dem *Lehrplan* angemessen umzugehen, d.h. die Hilfen zu erkunden, die er mir anbietet, und auch die Vorgaben und die Verbindlichkeit zu akzeptieren, die er enthält.

● Bei meinen ersten Unterrichtsstunden konnte ich mir wahrscheinlich viel Zeit gönnen für gemeinsame Überlegungen und kritische Reflexionen im Kreis derer, die mit mir auf dem Weg zum Unterricht waren. Die Vorbereitung nahm deshalb oft viel Zeit in Anspruch. Mit der Alltagsarbeit meiner Verpflichtung zum regelmäßigen Unterrichten kommt der Zeitdruck und damit die Not, in kurzer Zeit möglichst viel und gut zu planen. Ich muß lernen, *angesichts knapper Zeit* meine Unterrichtsvorbereitung möglichst effektiv zu gestalten und zugleich im Vorbereitungsprozeß Distanz zu meinem eigenen Unterrichten zu behalten, um es auch kritisch reflektierend begleiten zu können.

● Früher war mir die besondere Situation der Klasse, in der ich meine ersten Stunden durchführen sollte, kaum bekannt. Die Unterrichtsvorbereitung mußte ich in diesem Bereich hauptsächlich auf Vermutungen stützen. Jetzt spielen meine Beobachtungen zur Situation der Klasse, zum Verhalten einzelner Schüler in der Unterrichtsplanung eine viel größere Rolle.
Ich muß lernen, die sich entwickelnden *Beziehungen* zwischen mir und meinen Schülern sowie unter den Schülern wahrzunehmen,

meine Beobachtungen an mir und an den Schülern in den Prozeß der Unterrichtsvorbereitung zu integrieren und auch meine Planung für Überraschungen und spontane Änderungen offenzuhalten.

Das in den ersten beiden Teilen entwickelte und ausgeführte Schema der Unterrichtsvorbereitung kann nur dann auch in der Übungs- und Praxiszeit hilfreich sein, wenn es die beschriebenen Veränderungen von der Lern- zur Übungs- und Praxissituation mitvollzieht. Solch eine Anpassung des Vorbereitungsschemas an die neue Situation geschieht in zweifacher Weise:

Zum *einen* muß sich das Vorbereitungsschema jetzt in einer komplexeren, differenzierteren Planungssituation bewähren. Von ihm erwarte ich Hilfe nicht mehr nur für die isolierte Planung einer einzelnen Stunde, sondern für Jahresplanung, Arbeit mit Lehrplänen und Materialien, für das Umgehen mit situativen Anlässen usw. Deshalb werden die Schritte sinnvoller Vorbereitung jetzt unter jeder einzelnen dieser besonderen Vorbereitungsbedingungen durchgespielt.
Freilich fließen in meinen alltäglichen Unterrichtssituationen meist mehrere der hier einzeln beschriebenen Vorbereitungsbedingungen ineinander: Beispielsweise ziehe ich zur Planung größerer Einheiten den Lehrplan und Modelle hinzu; die Nacharbeit bestimmt meine weitere Vorbereitung mit etc. Diese Querverbindungen können hier um der Übersichtlichkeit willen nur teilweise berücksichtigt werden. Ich gehe mit diesem Kapitel also am besten wie mit einem Malkasten um, indem ich mir die Farben aus den einzelnen Farbtöpfen so mische, wie ich sie brauche – indem ich die entsprechenden Abschnitte so zusammenschaue, wie es mir in meiner Situation am besten nützt. Habe ich in der Lernphase vorwiegend mit einer Farbe gemalt, so sind es jetzt viele geworden.

Zum *anderen* ist in diesem Teil streng darauf geachtet, daß die in den ersten beiden Teilen entwickelte Grundstruktur, die „fünf Schritte sinnvoller Unterrichtsvorbereitung" in jeder der beschriebenen Vorbereitungssituationen klar erkennbar wiederkehrt. Das ist eine wichtige Bedingung dafür, daß ich Querverbindungen bedenken kann.

Aber auch hier tritt eine Veränderung ein: Wurden die Vorbereitungsschritte für die Lernphase in einer linearen Abfolge beschrieben, so erscheinen sie jetzt mehr als Funktionen des Vorbereitungsprozesses, die im Alltag oft genug parallel oder gar ineinanderliegend vollzogen werden. Ich gehe mit dem Übergang von den Schritten zu den Funktionen am besten wie ein Klavierspieler um, der zunächst der Reihe nach Stimme um Stimme einzeln eingeübt hatte, bis er sein Stück mehrstimmig spielen konnte; der aber jetzt das „Vom-Blatt-Spielen" übt, das gleichzeitige Lesen und Verarbeiten mehrerer Stimmen – ich versuche die jeweils einzelne Vorbereitungsfunktion in ihrer Besonderheit wahrzunehmen und sie doch zugleich mit den anderen zusammenzusehen; ich denke bei meiner theologischen Orientierung immer auch schon an meine Schüler usw. und versuche doch, beides auch soweit wie nötig auseinanderzuhalten.

Jeder der nachfolgend beschriebenen Vorbereitungsbereiche hat bestimmte Akzente, welche jeweils die fünf Vorbereitungsschritte prägen.

- In der *Arbeit mit dem Lehrplan* nutze ich ihn als Hilfestellung für meine Planung. Ich versuche, meine persönliche Beziehung zu seinen Formulierungen zu klären, in der Auseinandersetzung mit den Lehrplaninhalten meine theologische Verantwortung für den Unterricht wahrzunehmen, Hinweise auf die Schüler mit Beobachtungen an den eigenen Schülern in Beziehung zu setzen und innerhalb der vom Lehrplan gegebenen Spielräume Entscheidungen für meinen Unterricht zu treffen.

- Bei der *Planung größerer Unterrichtseinheiten* versuche ich mich in den größeren Text-/Themenzusammenhängen zurechtzufinden und mir theologische Leitideen zu erarbeiten, mit denen ich den größeren Zusammenhang als Einheit verstehen, die Vielzahl von Einzelgedanken zusammenschauen kann. Ich suche bei meinen Schülern das herauszufinden, was sich über einen größeren Zeitraum hinweg zu bearbeiten lohnt und didaktische Leitideen zu entwickeln, von denen aus ich die weiteren Entscheidungen zur Gestaltung des Unterrichts treffen kann.

- Bei der *Planung der Einzelstunde unter Alltagsbedingungen* arbeite ich mit den fünf Vorbereitungsschritten in stark verkürzter Form, aber doch so, daß keine der in ihnen repräsentierten tragenden Elemente des Vorbereitungsprozesses verlorengeht.

- Bei der *Unterrichtsplanung mit Hilfe von Modellen, Unterrichtsvorschlägen, Materialien* geht es darum, Anregungen von außen angemessen in meinen Planungsprozeß zu integrieren. Ich versuche, meine Erstbegegnung mit ihnen möglichst produktiv zu gestalten, mit ihrer Hilfe in meiner theologischen Orientierung sicherer zu werden, mich von ihnen bei der Suche nach Lernmöglichkeiten anregen zu lassen. Ich achte darauf, daß ich bei den didaktischen Entscheidungen das aus den Materialien Übernommene stimmig in den von mir geplanten Lernweg integriere.

- Sehe ich mich veranlaßt, einen *situativen Anlaß* aufzunehmen, so muß ich sehr spontan Entscheidungen treffen. Indem ich mir bewußt mache, wie auch dabei die fünf Vorbereitungsschritte als Funktionen im Spiel sind, kann ich in solchen Situationen sicherer werden.

- Bei der *Unterrichtsplanung von situativen Anlässen aus* plane ich meinen Unterricht im Anschluß an ein bestimmtes Ereignis. Ich kläre meine eigenen Interessen und Absichten, versuche den Anlaß theologisch näher zu bestimmen, mir von der Lage der Beteiligten ein deutliches Bild zu machen, Lernmöglichkeiten aufzuspüren, die der Anlaß in sich birgt, und die angemessenen didaktischen Entscheidungen zu treffen.

- In der *Nacharbeit* versuche ich, Planung und Unterrichtssituation zusammenzusehen, um daraus Folgerungen für meine weitere Unterrichtsarbeit abzuleiten. Ich bedenke, wie ich mich selbst in den Unterricht eingebracht habe, blicke kritisch auf die im Unterricht vermittelten Erfahrungen und theologischen Zusammenhänge zurück, übe mich darin, Interessen und Bedürfnisse meiner Schüler zu verstehen und richtig einzuschätzen, überdenke die von mir getroffene Wahl von Lernmöglichkeiten und die einzelnen didaktischen Entscheidungen.

Noch ein Wort an die *Praktiker:*

Als Praktiker ist mir die Unterrichtsvorbereitung schon zur Routine geworden. Ich habe meinen persönlichen Weg der Unterrichtsplanung gefunden. Um in den oben erwähnten Bildern zu bleiben: Ich habe inzwischen meine Lieblingsfarben und habe mir meine eigene Technik des Mehrstimmig-Spielens angeeignet. Das ist wichtig und notwendig.
Aber vielleicht habe ich beim Mischen die eine oder andere Farbe aus dem Blick verloren; vielleicht haben sich beim Klavierspielen Ungenauigkeiten eingeschlichen. Vielleicht tut es mir gut, mir wieder einmal bestimmte Farben genauer anzusehen und das Zusammenspiel wieder einmal zu überprüfen – vielleicht lerne ich wichtige Situationen und Funktionen der Unterrichtsvorbereitung mit diesem Buch wieder neu kennen und kann sie so erneut in das Licht meiner bewußt vollzogenen Unterrichtsplanung rücken.

A Vom Überblick zur Einzelstunde

A1 Jahresplanung

Am Anfang eines neuen Schuljahres erstelle ich in einem Jahresplan eine Übersicht über die Themenbereiche, die ich im Verlauf des Schuljahres bearbeiten möchte. Dieser Jahresplan wird oft vorschnell mit der Jahresübersicht des Lehrplans verwechselt. Dabei wird übersehen, wie wichtig die eigene Jahresplanung für den Unterrichtsvollzug ist.

Mit der Jahresplanung nehme ich den Bereich der Perspektivplanung in meine eigene Verantwortung

Gute Planung zeichnet sich durch Weitblick aus. Auch in der Unterrichtsplanung sollten deshalb die Perspektiven soweit wie möglich reichen. Den umfassendsten Planungshorizont markiert der Lehrplan. Er ist nötig, damit im Gefüge der wechselseitigen Abhängigkeit von Jahrgangsstufen und Schulen RU geordnet unterrichtet werden kann. Diese Planungsfunktion muß also aus organisatorischen Gründen an Instanzen außerhalb der Planungskompetenz der einzelnen Lehrer und Schulen abgegeben werden. Gleichzeitig soll diese ausgelagerte Planungsfunktion aber so begrenzt sein, daß die Planung vor Ort möglichst effektiv gestaltet werden kann.
Mit meiner eigenen Jahresplanung, bei der ich mit den Lehrplanvorgaben und ihren Freiräumen produktiv umgehe, schränke ich also den Bereich der Unterrichtsplanung außerhalb meiner konkreten Unterrichtssituation auf den Rahmen des unbedingt Nötigen ein. Ich gestalte selbst Perspektiven für den Zeitraum, den ich zu verantworten habe, d. h. in der Regel für das vor mir liegende Schuljahr.

Bei der Jahresplanung nütze ich die Chance, Schüler zu beteiligen

Bei Überlegungen zur Beteiligung meiner Schüler an der Jahresplanung sollte ich berücksichtigen,

- wie viele Informationen ihnen über das Angebot, das sich hinter den vorgeschlagenen Themen verbirgt, schon zugänglich sind;
- wie lange ihr Atem ausreicht, um über Themen zu beraten und zu beschließen, die erst in Wochen oder Monaten drankommen werden.

Je älter Schüler sind, desto günstiger sind auch die Bedingungen für eine Beteiligung an der Perspektivplanung. Sinnvoll könnte es deshalb vor allem in höheren Klassen sein, in einer offenen Gesprächsrunde oder mit Hilfe eines Fragebogens ein Meinungsbild über Interessen der Schüler an den im Lehrplan genannten Themenkreisen zu erheben. Wichtig ist, daß ich in solch einem Gespräch den Schülern keine Signale über Mitbestimmung und Entscheidungsfreiheit gebe, die ich später nicht bestätigen kann oder will.
Wichtig ist ferner, daß Schüler Mitbestimmung auch als Mitverantwortung erleben können. Meine Bereitschaft, auf die Interessen der Schüler einzugehen, sollte nicht so verstanden werden, als seien die Themen beliebig, als könnten Planungen ohne triftige Gründe umgestoßen werden. Freilich möchte ich umgekehrt Schüler auch nicht auf Entscheidungen festnageln, die sie noch gar nicht angemessen übersehen und durchhalten können.

Offene Gespräche können erste Schritte auf dem Weg sein, auf dem ich mit den Schülern den Zusammenhang von Mitbestimmung und Mitverantwortung einzuüben versuche. Interessen und Neigungen werden stichpunktartig festgehalten, um später überprüft werden zu können. Später werde ich an geeigneten Stellen sichtbar machen, welchen Niederschlag dieses Meinungsbild in der konkreten Unterrichtsplanung finden könnte bzw. gefunden hat.

Die Perspektivplanung ist Voraussetzung für den nächsten Planungsschritt, die Erarbeitung größerer Themenbereiche, d.h. die Umrißplanung[1]. In ihr markiere und umreiße ich meine Absichten, die ich mit einem größeren Textzusammenhang/Thema verfolgen möchte. Ich werde also an mehreren Stellen im Verlauf des Schuljahrs Zeit brauchen für diesen zweiten Planungsvollzug. Die Planung der größeren Text-/Themenbereiche wiederum ist die Voraussetzung für die Vorbereitung der Einzelstunden, die mich dann kontinuierlich das ganze Schuljahr hindurch begleiten wird. Alle Planungsschritte vollziehe ich mit Hilfe der im Lehrplan gegebenen Vorgaben und Empfehlungen.

1 W. Schulz, Unterrichtsplanung, München u.a. 1980², unterscheidet zwischen Perspektivplanung, Umrißplanung und Prozeßplanung. Das entspricht unserer Unterscheidung zwischen Jahresplanung, Planung größerer Einheiten und Planung der Einzelstunde. Der Vorzug der von Schulz eingeführten Terminologie besteht darin, daß in ihr sofort die verschiedenen Weisen und Funktionen der Planungsarbeit in den Blick kommen. Deshalb nehmen wir diese Terminologie in unsere Ausführungen mit auf.

A2 Arbeit mit dem Lehrplan

Der Lehrplan ist mein ständiger Begleiter bei der Vorbereitungsarbeit. Wie diese Begleitung zwischen Bindung und Freiheit, zwischen Steuerung und Selbständigkeit Gestalt annehmen kann, darum geht es in diesem Abschnitt.

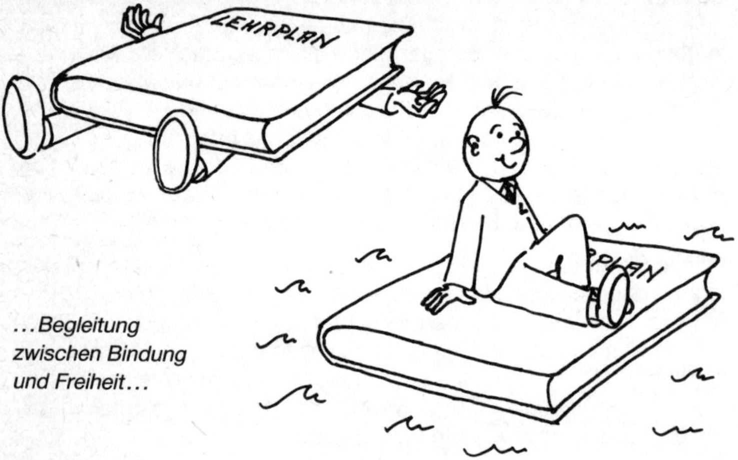

... Begleitung zwischen Bindung und Freiheit ...

Bei der Jahresplanung bindet mich der Lehrplan am stärksten. Er hilft mir damit zugleich, einen Überblick über den möglichen Jahresplan samt möglicher Variationen zu gewinnen, von dem aus ich die nötigen Entscheidungen treffen kann. Je mehr es dann um unterrichtliche Details geht, desto größer wird die Entscheidungsfreiheit, die der Lehrplan vorsieht, desto mehr nimmt er den Charakter einer Empfehlung und Handreichung zum Unterricht an.

Weil die Arbeit mit dem Lehrplan bei der Jahresplanung am gewichtigsten ist, nehmen wir die Überlegungen zum Lehrplan an dieser Stelle auf und beziehen damit vorausgreifend auch die Arbeit mit dem Lehrplan in den weiteren Vorbereitungsvollzügen mit ein. In den folgenden Abschnitten stellen Querverweise den Zusammenhang zwischen der Arbeit am Lehrplan und der Planung größerer Einheiten bzw. von Einzelstunden her.

Im Unterschied zu den früheren stofforientierten Lehrplänen sind die neueren curricularen Lehrpläne bestimmt durch die Zuordnung von Zielen und Inhalten: Es geht nicht mehr nur um Vermittlung von Inhalten um ihrer selbst willen, sondern viel stärker um Ziele, die Schüler an und mit diesen Inhalten erreichen sollen. Indem der Lehrplan neben Inhalten auch Ziele formuliert, sind seine Vorgaben größer geworden, ist die Entscheidungsfreiheit der Unterrichtenden dadurch eingeschränkt worden. Deshalb versuchen die neueren Lehrpläne gleichzeitig, dem Lehrer an verschiedenen Stellen neue Spielräume für seine Entscheidungsfreiheit zu öffnen.

Ich mache mich mit der äußeren Struktur meines Lehrplans vertraut: Ich mache mir klar, wie in ihm Lernziele und Inhalte einander zugeordnet sind.

- Häufig entfaltet der Lehrplan inhaltliche Zusammenhänge und ordnet ihnen Lernziele zu.

  Beim Thema „Kirche" im bayerischen Lehrplan für den evang. RU an Hauptschulen, 7. Jg., ist der 3. Glaubensartikel mit Auslegung als Inhalt vorgegeben – ihm wurden Lernziele zugeordnet (z. B. „Einsicht gewinnen, daß Christus durch den Heiligen Geist in seiner Kirche wirkt und sie zum Dienst an der Welt beruft").

- Manchmal werden Ziele und Inhalte in mehreren Ebenen entfaltet, die bei der Planungsarbeit miteinander verknüpft werden können.

  Im Lehrplan für den evang. RU an Hauptschulen in Nordrhein-Westfalen sind neben den leitenden Intentionen biblische/christliche Überlieferungen und menschliche Grunderfahrungen aufgeführt. In der Zusammenschau dieser drei Bereiche kann der Unterrichtende selbständig die einzelnen Ziele und Inhalte beschreiben und akzentuieren.

Ich versuche herauszufinden, welche Teile des Lehrplans verbindlich sind und wo er mir Spielräume für eigene Entscheidungen läßt.

- Es gibt Wahlmöglichkeiten zwischen verschiedenen Themenbereichen bzw. innerhalb der Themenbereiche zwischen verschiedenen Unterthemen.

  Im Lehrplan für den evang. RU an Hauptschulen in Baden-Württemberg sind den sogenannten Pflichteinheiten etwa dreimal so viele Wahleinheiten zugeordnet.

- Es gibt Freiräume in der zeitlichen Gestaltung:

  Im bayerischen Lehrplan (a.a.O.) sind für die verbindlichen Teile z. B. des 7. Jg.s 35 Stunden als Mindeststundenzahl vorgesehen. Damit können bei der zeitlichen Gewichtung der einzelnen Themen deutliche Akzente gesetzt und auch darüber hinaus situative Anlässe berücksichtigt werden.

- Es gibt Wahlmöglichkeiten bei Inhalten und didaktischen Zugängen, während die Lernziele verbindlich sind.

Im bayerischen Lehrplan (a.a.O.) sind die Lernziele sowie die wesentlichen thematischen Schwerpunkte verbindlich festgelegt. Dagegen kann unter den differenzierteren sogenannten „inhaltlichen Aspekten" ausgewählt werden.

Ich überprüfe, ob und wie der Lehrplan unverbindliche Hilfestellungen für meinen Unterricht anbietet.

Der bayerische Lehrplan (a.a.O.) bietet in einer Methodenspalte Vorschläge zur Unterrichtsgestaltung an, die keine Verbindlichkeit haben.

Nachdem ich mir die äußere Struktur meines Lehrplans vor Augen geführt habe, setze ich mich mit den für meinen Schülerjahrgang einschlägigen Themenbereichen auseinander. Dabei kann ich mich wieder an den bekannten Vorbereitungsschritten orientieren.

I. PERSÖNLICHE BEGEGNUNG

Ich versuche, meine Beziehung zu den Angeboten und Forderungen des Lehrplans, zu seinen Themen und Inhalten zu klären.

Welchen ersten Eindruck hinterläßt die Lehrplan-Lektüre bei mir?

- Zu welchen Lehrplanabschnitten finde ich schnell Zugang?
- Welchen stehe ich eher distanziert gegenüber?
- Welche Gründe für meine Distanz bzw. Nähe finde ich bei mir?
- Woran werde ich bei mir selbst arbeiten müssen, um den Lehrplanaussagen gerecht werden zu können?

Ziel dieses Arbeitsschritts ist es, mir meine persönliche Beziehung zu den einzelnen Themen bewußt zu machen. Auf diese Weise trete ich gewissermaßen in einen Dialog mit dem Lehrplan. Er wird zum Gegenüber. Ich entdecke Gemeinsamkeiten und Gegensätze und kann so besser die Entscheidungsmöglichkeiten ausloten und ausschöpfen, die mir der Lehrplan gibt. Am Ende dieses Arbeitsschritts steht „mein" Lehrplan, der freilich noch vorläufig und offen für Veränderungen ist. Mein Lehrplan muß sich der theologischen Orientierung stellen, damit er auch objektiv und theologisch Bestand gewinnt, sowie der didaktischen Orientierung, damit er zum „Lernplan" meiner Schüler wird.

II. THEOLOGISCHE ORIENTIERUNG

Ich versuche festzustellen, in welchen theologischen Zusammenhängen und Strukturen die Lehrplanformulierungen stehen und wie sie sich zu meiner eigenen ersten Einschätzung des Themenzusammenhangs verhalten.

Welche theologische Struktur macht der Lehrplan sichtbar?

Der Unterschied zwischen den theologischen und den pädagogischen Fachleuten zeigt sich auch im Umgang mit dem Lehrplan: Theologen sind es gewohnt, die theologische Verantwortung für das von ihnen Vertretene selbst zu übernehmen. Ihr Umgang mit dem Lehrplan wird in diesem Bereich etliche kritische Momente enthalten. Pädagogen fühlen sich in diesem Bereich oft unsicher. Ihnen kommt es mehr auf erschließende Zugänge an.

Theologen fragen vor allem:

- Welche theologischen Grundmuster oder Aussagen erkenne ich?
- Wo können sie mir Anstöße für meine eigenen theologischen Gedanken sein?
- Wo finde ich mich in diesen theologischen Aussagen wieder?
- Wo sehe ich Widersprüche zu meiner eigenen Theologie?
- Wieviel Raum gibt mir der Lehrplan angesichts solcher Widersprüche für meine eigene theologische Meinung?

Gegenüber bloßer Stoffverteilung schließen Zielformulierungen deutlichere theologische Entscheidungen ein. Damit bieten sie auch Ansätze zu Kritik und Widerspruch. Lehrpläne versuchen deshalb, die getroffenen theologischen Entscheidungen so weit zu fassen, daß sie nicht einengen. Damit regen sie zugleich zu differenzierten theologischen Interpretationen an, in der sich Vorgabe und Kritik miteinander verbinden können. Wichtig ist deshalb, in den meist sehr knappen Lehrplanformulierungen den Raum zu entdecken, den sie mir öffnen wollen für meine eigene theologische Verantwortung.

Beim Thema „Leid“ im bayerischen Lehrplan (a.a.O.), 9. Jg., stoße ich mich im letzten Abschnitt zunächst an Formulierungen wie „Durch den Glauben an die Auferstehung Jesu leben Christen in der Hoffnung auf die Überwindung allen Leides im Reich Gottes“ oder „Im Wissen um die Nähe des gekreuzigten und auferstandenen Herrn lernen Christen ihr Leid anzunehmen und zu ertragen“. Ich vermute dahinter die Tendenz des Vertröstens auf ein besseres Jenseits sowie die Mentalität des „Erduldens“. Gleichzeitig sehe ich mich herausgefordert, mir in meiner eigenen theologischen Deutung des Leidens noch klarer zu werden. Ich werde bei den zur Auswahl angebotenen Gedanken bewußt meine eigenen Akzente setzen, evtl. über die Formulierungen des Lehrplans hinausgehend dem Klagen vor Gott, auch dem im Leiden entstehenden Zweifel an Gottes Macht Raum geben. Zu den weitgefaßten Formulierungen des Lernziels „Einsehen, daß der christliche Glaube helfen kann, Leid anzunehmen und zu überwinden“ und des Inhalts „Wie Christen versuchen, mit dem Leid umzugehen“ erkenne ich dabei noch keinen Widerspruch.

Pädagogen fragen vor allem:

- Welche theologischen Grundmuster oder Aussagen erkenne ich mit Hilfe meiner theologischen Vorkenntnisse?
- Zu welchen Aussagen möchte ich mir ausführlichere Informationen beschaffen? Welche Hinweise dazu bietet der Lehrplan an?

Ich prüfe abschließend, ob und wie sich im Zuge der theologischen Orientierung „mein persönlicher“ Lehrplan verändert hat.

III. DIDAKTISCHE ORIENTIERUNG

Ich versuche festzustellen, welche vermuteten Lebenssituationen von Schülern im Lehrplan zum Tragen gekommen sein könnten und wie diese Lebenswirklichkeit sich zu der Schülerwirklichkeit verhält, die ich in meiner Unterrichtssituation wahrnehme.

> *Welche Sicht der Lebenswirklichkeit von Schülern kann ich in den Formulierungen des Lehrplans entdecken?*

- Welches Bild vom Schüler dieser Altersstufe läßt sich aus den Lehrplanformulierungen herauslesen?
- Wo kann ich in diesem Bild Züge meiner eigenen Schüler wiederfinden?
- Wo sehe ich Widersprüche?

Die Situation des Schülers kann im Lehrplan nur angedeutet werden. Wo solche Angaben vorhanden sind, kann ich sie mit meinen eigenen Erfahrungen vergleichen, diese damit präzisieren und differenzieren und so die entsprechenden Formulierungen des Lehrplans in meine konkrete Unterrichtssituation hinein fortschreiben.

Beim Thema „Liebe" im bayerischen Lehrplan (a.a.O.) wird in den Hinweisen zur religionspädagogischen Erschließung besonders darauf hingewiesen, wie ernst es den Jugendlichen mit ihren partnerschaftlichen Beziehungen ist und wie Reglementierungen seitens Erwachsener oft an diesem Ernstnehmen vorbeigehen. Mir wird bewußt, wie in letzter Zeit partnerschaftliche Krisen das Selbstgefühl einzelner Schüler und auch die Atmosphäre in der Klasse stark belastet haben, wie sehr die Jugendlichen davon betroffen waren. Deshalb wird der zur freien Wahl vorgesehene Abschnitt „Störungen in der Zweisamkeit" in meiner Klasse vermutlich größeres Gewicht bekommen und auch die anderen thematischen Abschnitte stark prägen.

Ich mache mir deutlich, welches Lernfeld, d. h. welche Lernmöglichkeiten, mir der Lehrplan eröffnet und absteckt.

Was können Schüler aus der Sicht des Lehrplans in der Begegnung mit Texten/Themen lernen?

Lehrpläne sind von Kommissionen verfaßt worden, in denen die Autoren ihre Erfahrungen und Vorstellungen von Unterricht eingebracht haben. Sie haben zugleich versucht, ihre immer auch von persönlichen Erfahrungen mitbestimmten didaktischen Ergebnisse so weit zu fassen, daß sich in den Formulierungen des Lehrplans auch Leser mit anderen Erfahrungsperspektiven in ihren didaktischen Vorstellungen wiederfinden können.
Aus konkreten didaktischen Erfahrungen der Autoren sind überindividuelle und allgemein akzeptable Formulierungen entstanden, die in den didaktischen Erfahrungen und Vorstellungen des Lesers wieder konkrete Gestalt annehmen sollen. Auch ein solcher mit den persönlichen Erfahrungen des Lesers verwobener Lehrplan bleibt noch offen für Veränderungen, die sich mit Sicherheit im Laufe des Schuljahrs ergeben werden.

- Von welchen Lehrplanformulierungen aus kann ich mir Elemente und Schwerpunkte meines Unterrichts schon gut vorstellen?
- Welche Lehrplanformulierungen setzen in mir noch keine didaktischen Perspektiven für meinen Unterricht frei?
- Liegen die Differenzen oder Widersprüche in meinem persönlichen Bezug zum Thema, in der theologischen Position, die ich im Lehrplan erkenne, an der Sicht der Schüler im Lehrplan?

- Welche Entscheidungshilfen aus anderen Planungsbereichen beziehe ich ein (vgl. S. 128ff.; 150f.)?
- Wo erkenne ich die Grenze, an der mich der Lehrplan ganz in meine eigenständige didaktische Planungsarbeit entläßt? Unzufriedenheit mit dem Lehrplan entsteht oft, wenn über diese Grenze zu wenig Klarheit besteht.

Der bayerische Lehrplan (a.a.O.) ist einer der ausführlichsten. Mit seinen Vorschlägen zur Unterrichtsgestaltung begleitet er den Unterrichtenden bis zu methodischen Überlegungen. Das könnte dazu verleiten, die Grenze auch dieses Lehrplans zu übersehen. Die um der Übersichtlichkeit willen unter systematischen Gesichtspunkten entfalteten Lerninhalte sind für meinen Unterricht Anregungen und Ausgangspunkte meiner eigenständigen didaktischen Planung. Sie beschreiben noch keineswegs die Abfolge von konkreten Lernschritten für meinen Unterricht.

IV. DIDAKTISCHE ENTSCHEIDUNGEN

Ich treffe innerhalb der mir vom Lehrplan gegebenen Spielräume Entscheidungen für meinen Unterricht.

Hinsichtlich der *Jahresplanung* setze ich meine Schwerpunkte und Akzente und lege die Themenverteilung fest. Dabei berücksichtige ich, daß in manchen Lehrplänen die Themenfolge zugleich ein wohlüberlegter Vorschlag für die zeitliche Abfolge ist.

Im Bereich der *weiteren Planungsvollzüge* bestimme ich ebenfalls Schwerpunkte und Akzente und lege die Abfolge der Einzelziele und -inhalte fest (vgl. S. 135ff.).

A3 Planung größerer Unterrichtseinheiten

Nach der Themenverteilung entwickle ich die als erste vorgesehene größere Unterrichtseinheit in groben Zügen. Vor jedem der Themenbereiche brauche ich ausreichend Zeit für diese Grobplanung.

Die Planung größerer Unterrichtseinheiten ist oft noch Neuland

Der Unterricht findet jetzt kontinuierlich statt. Diese Kontinuität kann für die Planung und Gestaltung des Unterrichts genützt werden. Weil bei den ersten Unterrichtsversuchen sinnvollerweise Einzelstunden ausgegrenzt worden waren und weil Pfarrer und Religionspädagogen in der Gemeindearbeit bei den wechselnden Teilnehmerkreisen (z. B. Predigt, Kindergottesdienst, Erwachsenenbildung) eher punktuell arbeiten müssen, ist oft der Blick für die Chancen einer Planung in größeren Zusammenhängen verstellt.

Besonders bei der Arbeit an biblischen Texten wird noch zu oft nur die Abfolge vieler Einzelabschnitte (Perikopen) gesehen. Deshalb beziehen sich die erläuternden Beispiele zunächst auf einen biblischen Textzusammenhang. Bei themenorientierten Inhalten sind größere Zusammenhänge eher im Blick. Wie zu deren Planung die bekannten fünf Vorbereitungsschritte helfen können, wird ebenfalls an Beispielen veranschaulicht.

Die Planung größerer Unterrichtseinheiten erleichtert die Vorbereitungsarbeit erheblich

● Sie entlastet die Vorbereitung der einzelnen Unterrichtsstunden. Sie liefert manchen roten Faden, manche „Aufhänger" für die Einzelgestaltung. Sie erspart es dem Lehrer, bei seiner Vorbereitung immer wieder am Nullpunkt anfangen zu müssen. Auf diese Weise macht Unterrichtsvorbereitung mehr Spaß. Ist ein größerer Zusammenhang didaktisch erschlossen, so ist für die Einzelstunden im wesentlichen nur noch die didaktisch-methodische Feinarbeit zu leisten und das Unterrichtsmaterial bereitzustellen. Diese Detailarbeit ist zeitlich besser kalkulierbar.

● Die Planung größerer Einheiten erspart es den Schülern, jede Stunde mit Neuem, Unbekanntem konfrontiert zu werden, sich jede Stunde auf neue, unvermutete Intentionen einlassen zu müssen. Unterricht wird für sie durchschaubarer, die Gefahr von „Blindführungen" wird geringer. Ihre Möglichkeiten zu selbständiger Mitarbeit werden größer.

- Die Differenzierung zwischen Grob- und Einzelplanung eröffnet mehr Möglichkeiten effektiver Vorbereitung. So kann übergreifende Arbeit in größerer Distanz zum unmittelbaren Unterrichtsdruck geschehen, evtl. zusammen mit Kollegen, mit Gelegenheit zum „Nachhaken" und Nachlesen, zum Überdenken, zum Abklären.

- Wenn die Planung der größeren Einheit steht, kann so nebenbei schon manches für die Einzelplanung geschehen, z. B. Sammeln von Material, das einem „in die Finger kommt" (Bilder, Notizen); rechtzeitiges Bestellen von Medien.

Die Planung größerer Unterrichtseinheiten stellt besondere Ansprüche

Bei der Planung größerer Themeneinheiten bietet mir zunächst der Lehrplan seine Hilfe an (vgl. S. 110ff.). Darüber hinaus ziehe ich Unterrichtsentwürfe und -modelle mit heran (vgl. S. 146ff.).
In diesem Planungsbereich bin ich aber ganz besonders in meiner eigenen didaktischen Kompetenz herausgefordert. Es gilt jetzt, die erworbene Fähigkeit, Unterrichtsstunden zu planen, an der umfassenderen und schwierigeren Aufgabe der größeren Unterrichtseinheit zu bewähren und zu erweitern.

Auf diese Aufgabe konzentrieren sich die folgenden Überlegungen und Anregungen. Sie wollen denen, die sich bisher hauptsächlich auf die Stimmigkeit der Vorgaben und Angebote verlassen haben, Einblicke in wichtige didaktische Zusammenhänge des RU vermitteln und ihnen Mut machen, sich noch mehr als bisher auf die Planung größerer Unterrichtseinheiten einzulassen.

Von der Lernmöglichkeit zur Leitidee

Wie die Schritte der Unterrichtsplanung im zweiten Teil auf das Erarbeiten einer klar umrissenen Unterrichtsabsicht, der „Lernmöglichkeit" abzielen, so bei der Planung größerer Einheiten auf die Leitidee. Sie soll die gesamte Einheit strukturieren und bestimmen.

> Die Schwierigkeit, eine geeignete Leitidee zu finden, liegt besonders darin, daß ich verschiedene, oft widersprüchliche Einzelaspekte zusammenschauen und im je verschiedenen Einzelnen das Gemeinsame finden muß. Die große Chance liegt darin, daß es dabei zu einer wirksamen Elementarisierung didaktischer Ziele und Inhalte kommt.

Auch bei der Planung größerer Themenbereiche arbeite ich mit den eingeübten fünf Vorbereitungsschritten. In den Ausführungen zu den einzelnen Schritten wird zugleich immer deutlicher werden, was mit dem Begriff der Leitidee gemeint ist.

I. PERSÖNLICHE BEGEGNUNG

Ich versuche mir über meinen Gesamteindruck vom biblischen Geschehen/Thema klar zu werden.

> *Was bedeutet das in den Texten überlieferte Geschehen/das Thema für mich?*

Ich versuche, den vielleicht inhaltlich wie theologisch noch vagen Zusammenhang auf dem Hintergrund meiner persönlichen Erinnerungen, Interessen, Neigungen zu ordnen, zu überschauen, um ihm so ein erstes Gefüge zu geben.

- Welche Einzelzüge des biblischen Geschehens/Aspekte des Themas fallen mir zuerst ein, welche Erinnerungen und Eindrücke verbinden sich damit?
- Welche inhaltlichen Bereiche habe ich spontan zurückgestellt, ausgeklammert und warum?
- Welche übergreifenden Bilder und Symbole, im Vordergrund stehenden Personen, den ganzen Zusammenhang prägenden Ereignisse, das Gesamtgeschehen bestimmenden Entwicklungen, theologischen Einsichten und Gedanken fallen mir auf?

Zweierlei bestimmt mein persönliches Verhältnis zu den Texten/zum Thema:

● Zum einen die Unterscheidung zwischen meinen Haftpunkten und Lücken im biblischen Geschehen/Themenzusammenhang, zwischen Menschen, die mir viel, und solchen, die mir nur wenig bedeuten; zwischen Ereignissen, die mich bewegen, und solchen, die mich „kalt" lassen; zwischen Aspekten, die mich interessieren, und solchen, die mich nur wenig berühren.
Ich werde im Verlauf meiner Planungsarbeit für den Unterricht auswählen und Akzente setzen müssen. Weil meine zwischen Distanz und Nähe wechselnde persönliche Beziehung zum Text/Thema meine spätere didaktische Entscheidung mitbestimmen wird, ist es

gut, wenn ich mir diese Beziehung in ihrer besonderen Struktur bewußt mache.

Meine Erfahrungen mit den alttestamentlichen Königsgeschichten sind z.B. hauptsächlich im Gegenüber von David und Saul verankert. Salbung, Aufstieg Davids an Sauls Hof, Verfolgung durch Saul – an diese Geschichten erinnere ich mich gleich. Doch dann reißt meine Beziehung zu David ab. Die Wirren der Thronnachfolge Davids sind für mich eher ein „blinder Fleck". In meiner weiteren didaktischen Arbeit werde ich prüfen, ob diese Akzentuierung didaktisch sinnvoll ist.

● Zum anderen sind es Ansätze und Elemente der Zusammenschau, die ich aus meinen bisherigen Erfahrungen mitbringe, in denen ich jetzt schon einzelne Teile als Teile eines Ganzen erkennen kann. Weil mir in der theologischen Orientierung sicher eine Fülle verschiedenster Details begegnen wird, ist es gut, von Anfang an Keime für didaktische Leitideen zu suchen und festzuhalten.

In den Geschichten von Saul und David begegnen mir öfters Zeichen der Erwählung und der Begabung mit besonderen Fähigkeiten durch Gott. Saul und David werden zum König gesalbt; David widersteht durch Gottes Kraft Goliat. Hier vermute ich den Keim einer Leitidee, den ich auch mit anderen Einzelzügen in Verbindung bringen kann: Auch Davids Harfenspiel vor Saul, Davids große geistige Fähigkeiten, die ihn bei Saul und beim Volk beliebt machen, seine Bewahrung vor Sauls Wut kann ich in einem weiteren Sinn als Zeichen der Erwählung und der von Gott geschenkten Kraft verstehen. Dieser didaktische Keim wird noch konkreter, wenn ich etwa an die Natans-Weissagung denke.

Ich versuche nun, meine Einfälle und Assoziationen zu einer Leitidee zu ordnen und zu profilieren und frage:

● *Welche Angebote im ganzen Geschehenszusammenhang weisen besonders auf Vorstellungen hin, die es zu festigen lohnt?*

Mir fällt auf, daß in den Königsgeschichten immer wieder sehr ambivalente Erfahrungen mit Gott aufeinander bezogen sind: Erwählung und Verwerfung (Sauls); Hilfe zu großem Erfolg (David und Goliat) und Zumutung von großer Bedrängnis (Verfolgung durch Saul). Mir erscheint wichtig, daß in einem größeren Ereignisbogen herausgearbeitet werden sollte, daß Gott uns Menschen immer wieder in verschiedenen Situationen begegnet: Wie er uns Schönes und Angenehmes erleben läßt und uns vor Bedrohliches stellt – wie beides zusammengehört, einander nicht widerspricht, sondern das eine durch das andere sein eigenes Gewicht bekommt und begrenzt wird.

● *Welche Angebote weisen auf Empfindungen und Einstellungen, die es zu stärken lohnt?*

In den Königsgeschichten höre ich durchgehend die Einladung, Gottes Wirken Vertrauen zu schenken. Ich erkenne Geschichten, in denen solches Vertrauen begründet wird, indem Gott (erneut) seine Hilfe erweist, und ich erkenne Geschichten, in denen solches Vertrauen bewährt wird. Meine Hoffnung wäre, daß in der Arbeit mit den Königsgeschichten in den Schülern Vertrauen zu Gott wachsen bzw. an Tiefe gewinnen kann.

● *Welche Angebote weisen auf Verhaltensweisen, die es zu fördern lohnt?*

Vertrauen auf Gottes Handeln findet seinen angemessenen Ausdruck im Gebet. Ich denke an David, den Psalmensänger, vor allem an den 23. Psalm, stoße auf Gebete im biblischen Text und spüre, daß in solchen Gebeten die Erfahrungen mit Gott im Blick auf das eigene Verhalten Gott gegenüber konkret werden können, daß sich die Verschiedenartigkeit der Gotteserfahrungen (Zuwendung von Gaben; Bedrängnis u. a.) in der Verschiedenartigkeit der Gebetsformen und -inhalte spiegeln kann.

Zu den Erfahrungen, die in der Begegnung wichtig geworden sind und die ich unter den drei Fragen geordnet habe, fällt mir der Zugang unterschiedlich leicht oder schwer. Ich frage deshalb:

● *Sind unter meinen Einfällen für eine mögliche Leitidee Ereignisse, Beziehungen usw., die in der sich abzeichnenden Gesamtlinie Bedeutung gewinnen könnten, zu denen ich aber erst noch Zugang finden muß?*

Die Geschichte von David und Goliat war mir im Zusammenhang mit der Frage nach der Historizität und auch wegen ihrer kriegerischen Handlung bisher eher verstellt. Unter dem Gedanken des Vertrauens aber könnte diese Geschichte zu einem Zeichen dafür werden, daß Vertrauen auf Gott sich lohnt, könnte sie eine „Hoffnungs-Geschichte" werden für Situationen, in denen Vertrauen auf Gott auf die Probe gestellt wird. Ich spüre, daß ich unter der Leitidee des Vertrauens zu manchen Königsgeschichten, die viel mit Krieg und Gewalt zu tun haben, einen tieferen Zugang finden kann.

● *Regen unter meinen Einfällen für eine mögliche Leitidee bestimmte Ereignisse, Beziehungen usw., zum Assoziieren, Zuordnen, Vergleichen an?*

Das Gegenüber von Situationen, in denen durch erfahrene Zuwendung Vertrauen begründet wird, und solchen, in denen sich in der Not Vertrauen bewähren muß, lädt dazu ein, auch im eigenen Leben nach solchen Situationen zu fragen, nach Erfahrungen der Geborgenheit, des dankbaren Annehmens, auch nach solchen der Enttäuschung, des Zweifelns, der Einsamkeit.

- *Fordern unter meinen Einfällen für eine mögliche Leitidee bestimmte Ereignisse, Beziehungen usw. meinen Widerspruch heraus?*

Unter dem Stichwort „Vertrauen zu Gott wird in der Bewährung stark“ habe ich große Schwierigkeiten mit der Geschichte von Sauls Verwerfung. Hier habe ich zunächst eher den Eindruck, daß das Vertrauen auf Gott zerbricht. Ich spüre, daß ich mich dieser Geschichte nicht entziehen kann, daß ich mit ihr ringen muß, um dem näher zu kommen, wie Vertrauen auf Gott auch nach dieser Geschichte noch Bestand haben kann.

II. THEOLOGISCHE ORIENTIERUNG

Nachdem ich in meiner persönlichen Begegnung mit dem größeren Textzusammenhang/Thema nach Einsichten, Erfahrungen, Überzeugungen Ausschau gehalten habe, die über einzelne inhaltliche Abschnitte und Bereiche hinaus für den ganzen Text/Themenzusammenhang bedeutungsvoll sind, ihn prägen und bestimmen, versuche ich nun, meine bisherigen Ergebnisse theologisch zu überprüfen, zu erweitern, zu begründen. Ich frage:

Bei Texten: Wer spricht zu wem in welcher Absicht? Welche theologisch-systematischen Zusammenhänge und welche Wirkungsgeschichte sind bei dem in den Texten überlieferten Geschehen mitzubedenken?

Bei Themen: Welche aktuelle Bedeutung hat das Thema? Welche fachwissenschaftlichen Erkenntnisse und welche theologischen Einsichten tragen zur Klärung der aktuellen Bedeutung des Themas bei?

Die zu entwickelnde didaktische Leitidee muß theologisch tragfähig sein. Sie muß zu den Glaubenserfahrungen, die unseren Glauben prägen, und zu den zentralen Begriffen in einer stimmigen, klaren Beziehung stehen. Sie sollte sich, sofern es um biblische Texte geht, auf anerkannte Hauptlinien der in ihnen zum Ausdruck kommenden Botschaft stützen.
Dieser Vorbereitungsschritt fordert viel theologisches Engagement. *Theologen* haben hier die Möglichkeit und Aufgabe, ihre Fachkenntnisse unter didaktischen Gesichtspunkten zu bewähren. *Pädagogen* können sich auf diesem Weg, sofern sie sich Hilfestellungen zugäng-

lich machen, wichtige interessante und praxisbezogene theologische Einsichten erschließen.

- Ich gehe den theologischen Aussagen des Lehrplans (vgl. S. 113f.) nach, um in seiner knappen, oft formelhaften Sprache Beziehungen zu mir Bekanntem zu finden.

- Ich suche das Gespräch mit Kollegen, z. B. in einem religionspädagogischen Arbeitskreis. Gemeinsam ist das Suchen nach theologischen Zusammenhängen interessanter und ertragreicher.

  Das Gespräch hilft in besonderer Weise dazu, theologische Argumente zu verarbeiten, sie auf meine eigenen Standorte und Entscheidungen zu beziehen. Schwierig ist dabei oft die Verschiedenheit der Meinungen. Doch bei solchen Gesprächen geht es nicht unbedingt darum, sich auf einen gemeinsamen theologischen Standpunkt zu einigen, sondern vor allem darum, einen eigenen zu finden und zu festigen, der selbständige didaktische Arbeit möglich macht. An die Stelle von Abgrenzungen tritt die Aufgabe, einander zu theologischer und dann auch didaktischer Urteilsfähigkeit und Entscheidungskraft zu helfen.

- Ich orientiere mich an ausführlichen theologischen Hinweisen in Modellen, Unterrichtsentwürfen usw. (vgl. S. 149f.) und achte dabei besonders auf die theologische Aussagekraft im Blick auf die Vermittlung von Glauben und Lebensvollzug, auf zugängliche und nachvollziehbare Glaubenserfahrungen.

- Ich ergänze meine theologischen Kenntnisse durch das Studium ausgewählter Literatur.

  Bei der Lektüre versuche ich, das theologisch Neue in das Bild meiner bisherigen theologischen Überzeugungen und Einsichten zu integrieren bzw. Änderungen zu bedenken, die sich für dieses Bild ergeben. Es kommt darauf an, daß theologische Literatur durch die Vielfalt der Argumente nicht entmutigt und entmündigt, sondern daß ich im Wahrnehmen und Annehmen des mir als bedeutsam Erscheinenden zum bewußteren didaktischen Planen befähigt werde.

Gegenüber der theologischen Orientierung bei der Erarbeitung einer einzelnen Stunde (vgl. S. 38ff.) ergeben sich bei der Erarbeitung einer größeren Einheit besonders bei biblischen Inhalten neue Akzente. Das Gewicht verlagert sich vom Exegetischen zum Systematischen, von der Textarbeit zur ordnenden Zusammenschau.

Unter *literarischen* Gesichtspunkten frage ich: Welches Anliegen prägt den Zusammenhang? Welche Botschaft hat der biblische Autor mit seiner Schrift seinen Hörern vermitteln wollen?

G. v. Rad hat z. B. darauf hingewiesen, daß gegenüber der Überlieferung des Richterbuches, in der Gott als Retter seines Volkes vorgestellt wird, der unmittelbar und sichtbar durch wunderbare Machttaten in die Geschichte eingreift, im Bereich der Königsgeschichten Gottes Handeln als viel hintergründiger beschrieben wird. Gott wirkt zunehmend durch andere Menschen, aber er bleibt für die Glaubenden erkennbar und erfahrbar als der Retter. Er rettet durch die von ihm erwählten Gesalbten. Dieser Zusammenhang von stärkerer Hintergründigkeit und Wirksamkeit Gottes ist ein tragendes theologisches Element, das große Teile der biblischen Königsgeschichten bestimmt.

Lassen sich Veränderungen dieser Botschaft feststellen, wenn der Textzusammenhang in späterer Zeit in eine neue Situation hinein verkündigt und dabei inhaltlich bearbeitet wurde?

Die deuteronomistische Geschichtstheologie hat die Überlieferung von Saul und David in eine Perspektive eingespannt, die rückblickend in der Situation des babylonischen Exils nach Gründen für die Katastrophe fragt bzw. diese Gründe ganz und gar in Israels Schuld und Versagen findet. So kommt es zu der harten Kontrastierung zwischen Saul und David, indem Saul für sein Scheitern selbst verantwortlich gemacht wird, während das Bild Davids als des Königs nach Gottes Willen um so leuchtender gezeichnet wird. Einblicke in solche Traditionsvorgänge geben Raum für Entscheidungen, wieviel Gewicht einer bestimmten Traditionsschicht zukommen soll.

Auch bei der exegetischen Arbeit an größeren Textzusammenhängen sollte nicht vergessen werden, daß es um Glaubenserfahrungen geht, die zu erschließen sind, um ein Geschehen, das sich über verschiedene Ereignisse hinweg spannt.

Unter *systematischen* Gesichtspunkten frage ich: In welchen systematischen Aussagen wurde und wird das Geschehen dieses Textzusammenhangs interpretiert? Ergänzen sich die systematischen Kategorien oder behindern sie sich gegenseitig?

Zwar wird unter systematischer Fragestellung der Geschehenszusammenhang stärker strukturiert und begrifflich gefaßt, aber auch hier kommt es darauf an, den Bezug zu den Geschehnissen und den in ihnen verbürgten Erfahrungen festzuhalten.

Bei den Geschichten von Saul und David gewinnt der Begriff der Erwählung große Bedeutung, dem speziell bei Saul derjenige der Verwerfung gegenübertritt. Was Erwählung heißt, wird ablesbar in all dem, was Saul und David von Gott als Geschenk zukommt. Der Begriff der Erwählung stellt auch Beziehungen her zu anderen Überlieferungsbereichen, in denen es um Gottes Erwählen von Menschen geht, und er schlägt Brücken bis zu uns, zu all den Erfahrungen des Glaubens, in denen wir uns als von Gott durch seine Liebe erwählt, von ihm zu seinen Kindern berufen wissen. Gleichzeitig kommt es darauf an, den Blick für das Geschehen offen zu halten, das der Begriff der Erwählung an sich gebunden hat und das von ihm her seine angemessene theologische Erklärung und Deutung erfährt.

Bei größeren *themenorientierten Einheiten* suche ich nach einem geeigneten systematisch-theologischen Orientierungsrahmen, mit dessen Hilfe ich die Vielzahl der themenbezogenen Erfahrungen, Inhalte, Informationen aufnehmen und einander zuordnen kann. Bei der Suche nach solch einem Orientierungsrahmen kann ich auf verschiedene Angebote zurückgreifen:

● Ich suche im Lehrplan nach theologischen Strukturen, unter denen die einzelnen Ziele und inhaltlichen Aspekte angeordnet sind.

Im bayerischen Lehrplan (a.a.O.), 7. Jg., S. 35ff. ist beim Thema Eigentum in den Formulierungen folgende Struktur erkennbar:
- Eigentum als Gabe: „Menschen brauchen Eigentum“; „Der Schutz des Eigentums durch die Gebote Gottes“.
- Gefährdung dieser Gabe: „Die Gefährdung des Eigentums durch rücksichtsloses Besitzstreben“.
- Eigentum als Aufgabe: „Der rechte Gebrauch des Eigentums als Erfüllung des Gebots der Liebe“; „Eigentumsverzicht als eine Form verantwortlichen Umgangs mit dem Eigentum“.

● Ich orientiere mich an systematischen Kategorien, wie sie in verschiedenen religionspädagogischen Anleitungen vorgestellt werden (vgl. S. 91f.).

Das Thema Umwelt könnte mit Hilfe dieser Kategorien auf folgende Weise inhaltlich gefüllt werden:
- Wir Menschen sind von Gott dazu bestimmt, diese Welt zu bebauen und zu bewahren.
- Dieser Auftrag ist uns Menschen weithin entglitten. Aus dem Bewahren wurde Beherrschen und Ausbeuten.
- Gott beauftragt uns trotz unseres Versagens aufs Neue, auch angesichts drohender Resignation, die uns gegebene Verantwortung anzunehmen.
- Im christlichen Glauben sind uns Hoffnungsbilder einer guten Welt vor Augen gestellt, die uns zu unserem Handeln ermutigen, an denen wir uns orientieren können.
- Gottes Auftrag an uns soll im konkreten Tun Gestalt gewinnen, auch wenn im Einzelfall darum gerungen werden muß, welches Handeln Gottes Auftrag am ehesten entspricht.

Ich versuche nun, die sich im Zusammenspiel von persönlicher Begegnung und theologischer Orientierung herausschälenden

Strukturen, leitenden Gedanken oder prägenden Merkmale des Text-/Themenzusammenhangs möglichst genau zu bestimmen.

Ich achte bei *biblischen Texten* auf typische Ereignisse, entscheidende Personen, wiederkehrende Handlungen, begleitende Zeichen und Symbole und dabei immer auch auf sich anbietende Identifikationsmöglichkeiten, welche die entscheidenden theologischen Gedanken tragen.

Der in der persönlichen Begegnung festgehaltene Gedanke des Vertrauens auf Gottes Begleitung in Höhen und Tiefen verdichtet sich durch theologische Aspekte der Erwählung und des zunehmend hintergründigen Wirkens Gottes. Als leitender Gedanke schält sich heraus, daß die Könige, vor allem David, sich von Gott zu bestimmten Aufgaben berufen fühlen, und in dem, was ihnen an großen Taten gelingt, Zeichen seines Wirkens erkennen. Wie sehr Gott seine rettende Kraft durch Menschen zum Wirken bringt und sie dabei in menschlichen Tätigkeiten, unter deren Bedingungen, Möglichkeiten und Grenzen aufscheinen läßt, zeigt sich andererseits auch in den Verfehlungen der Erwählten Gottes. Trotz der Verfehlungen aber bestätigt Gott bei David (im Unterschied zu Saul) die Erwählung und Ausrüstung mit Fähigkeiten und Gaben. Damit konzentriert sich bei den hier gewählten leitenden Gedanken der Schwerpunkt auf David, auf die Zeichen seiner Erwählung, auf Ereignisse und Aussagen, in denen David sich je neu als von Gott beauftragt und gestärkt erlebt.

Ich achte bei *biblischen Texten* außerdem nach der anderen Seite auf eine möglichst anschauliche Entfaltung des Leitgedankens, die in vielen Einzelzügen (Bildern, Entwicklungen, Ereignisfolgen, Identifikationsangeboten) ihre Bestätigung findet.

Dieser theologische Leitgedanke zeigt besondere Nähe zu den Geschichten von Sauls Salbung und Wahl zum König, von Sauls Erfolgen gegen die Philister, von Davids Salbung und Erfolgen, etwa gegen Goliat, auch von Davids Verfehlung gegenüber Uria und Batseba.
So tritt unter dem beispielhaft gewählten Leitgedanken die bunte Vielfalt der von ihm umgriffenen biblischen Geschichten in den Vordergrund.

Dabei könnte auch deutlich werden, wie verschiedene theologische Leitgedanken je besondere Einzelzüge hervorheben. Das erleichtert bei der didaktischen Entscheidung die Auswahl der Texte und die Suche nach geeigneten Anknüpfungspunkten im biblischen Geschehen.

Die geschichtstheologische Linie etwa, welche vom Exil her zwischen Saul und David polarisiert, hat gewiß größeres Interesse an den Ereignissen um Sauls Verwerfung und kulminiert andererseits in der Nataneniert andererseits in der Natans-Verheißung, in der die Hoffnung auf einen neuen David nach der Zeit der Verbannung gründet.

Bei *Themen* versuche ich einen Leitgedanken so zu beschreiben, daß theologische Deutungsangebote und Handlungsimpulse die sachimmanenten Erfahrungen, Analysen und Beobachtungen aufnehmen, sich auf sie beziehen, sie eingrenzen oder zuspitzen. Theologische Aspekte werden dadurch konkret und griffig.

Beim Thema Umwelt spitzt sich der theologische Aspekt auf die heute besonders deutlich erfahrbare Versuchung des Menschen zu: Menschen können heraustreten aus der ihnen von Gott zugewiesenen Rolle, Teil dieser Welt zu sein. Sie können sich der Welt bemächtigen.

Das Stichwort von der Gottebenbildlichkeit des Menschen zeigt sich dabei in seiner Ambivalenz: Es markiert zum einen die besondere Auszeichnung des Menschen, daß er in seiner Beziehung zur Welt immer auch an der Beziehung Gottes zur Welt Anteil hat und mit ihr den Auftrag, die Welt nach den Geboten der Liebe, der Gerechtigkeit und des Friedens zu gestalten.

Das Stichwort der Gottebenbildlichkeit markiert zum anderen das gefährliche Bedürfnis des Menschen, die Abhängigkeit von der Umwelt, damit auch von ihren Bedrohungen und Grenzen, die sie uns setzt, in den Griff zu bekommen, um von ihr frei zu werden und sie zu beherrschen.

Das Stichwort von der Gottebenbildlichkeit erscheint so als Orientierungspunkt, an dem die beiden Beziehungen zu Gott und zur umgebenden Welt zusammenfinden. Es könnte damit auch Orientierungsrahmen sein für sachimmanente, zum Beispiel naturwissenschaftliche Einzelaspekte, sofern diese sichtbar machen können, wie wir in die uns umgebende Welt eingebettet sind und wie wir diese Einbettung gestalten und verändern.

Auch beim Themenzusammenhang umschließt der Leitgedanke eine Fülle von Einzelmotiven, wiederum im Unterschied zu möglichen anderen Leitgedanken, die ich – zumindest exemplarisch – mitbedenke und sammle. Nach der didaktischen Entscheidung werde ich diejenigen aufnehmen, die zur entstandenen didaktischen Leitidee passen.

Indem der theologische Leitgedanke Gestalt annimmt, bindet er biblisch-theologische wie auch themenbezogene Einzelelemente an sich: Biblische Elemente wie Ps. 8, 1. Mose 1,28; 2,15ff. gewinnen hohen Stellenwert. Lebensbilder wie das des Franz von Assisi (Sonnengesang) oder Albert Schweitzers („Ehrfurcht vor dem Leben") treten ins Blickfeld. Kreisläufe der Natur, die Rolle des Menschen in ihnen und deren Veränderungen durch Menschen werden zu bedenken sein (z. B. Landwirtschaft; Wasser). Beispiele für menschliche Herrschaftsinteressen (z. B. Großflughäfen), für verantwortlichen, sich selbst beschränkenden Umgang mit Natur (z. B. Naturschutzzonen), auch für ambivalente menschliche Eingriffe (z. B. Brunnenbohrungen in Afrika, deren Folge ein verhängnisvolles Absinken des Grundwassers ist) werden bei den weiteren didaktischen Überlegungen eine Rolle spielen.

Mit diesem theologisch und fachwissenschaftlich erarbeiteten Zueinander von Leitgedanken und zugehörigen Einzelerfahrungen,

-ereignissen, -aspekten erfahren meine in der persönlichen Begegnung gestellten Fragen nach Vorstellungen, Einstellungen und Verhaltensweisen, die mir bedeutsam sind, Bestätigung, Korrektur, Erweiterung; sie gewinnen objektivere, überindividuelle Geltung und Tragfähigkeit.

III. DIDAKTISCHE ORIENTIERUNG

Ich versuche nun zu erkunden, wo und wie der theologisch präzisierte Leitgedanke samt den von ihm umgriffenen Ereignissen und Erfahrungen auf Interessen meiner Schüler trifft.

Was könnte bei meinen Schülern mitschwingen, wenn sie dem in den Texten überlieferten Geschehen/dem Thema erstmals oder neu begegnen?

... was könnte bei meinen Schülern mitschwingen ...

Damit die theologischen Leitgedanken zu didaktischen Leitideen werden, suche ich auch bei den Schülern über deren Interessen an einzelnen Geschichten oder Themenaspekten hinaus nach Erfahrungen und Bedürfnissen, die für die Altersstufe überhaupt bestimmend und durch die verschiedenen Einzelinteressen hindurch als altersspezifische Lebensthemen erkennbar sind.
Solche Grundbedürfnisse und -interessen sollen in die didaktische Leitidee Eingang finden, damit ich sie im Verlauf der größeren Einheit in den einzelnen biblischen Geschichten und Themenaspekten immer wieder aufnehmen und an ihnen arbeiten kann.
Indem ich mit meiner didaktischen Leitidee immer wieder auf dieselben zentralen Erfahrungen und Bedürfnisse meiner Schüler eingehe, muß ich nicht beim ersten Anlauf zum Ziel kommen. Ich kann meinen Schülern die Zeit lassen, die sie für ihren Lernprozeß brauchen.

Geht es beispielsweise bei der Geschichte von David und Jonatan um die Erfahrung der Freundschaft, in der von David und Goliat um die Herausforderung durch andere, so kommt im Blick auf die Gesamtheit der David-Geschichten das Bedürfnis der 11jährigen in den Blick, etwas zu gelten, große Aufgaben zu bewältigen und Gefahren zu bestehen. Dieses Bedürfnis klingt bei beiden Geschichten an, etwa auch bei denen von Davids Salbung und von Davids politischen Erfolgen.

Beim Thema Umwelt knüpfen wir an die Neigungen unserer Schüler an, über Hypothesen zur Weltentstehung zu spekulieren, an ihre ausgeprägte Beobachtungsgabe oder an ihre Tierliebe. Ein Zusammenhang dieser Interessen wird erkennbar in der Lebensaufgabe der 11jährigen, sich die Gesamtheit ihrer erfahrbaren Umwelt zu erobern. Dabei sehnen sie sich danach, jetzt und auch künftig mit der Natur und als ein Teil von ihr zu leben. Sie möchten gerne die vitalen Antriebe inmitten eines verläßlichen Umgebenden ausleben können.

Aus den Beobachtungen an meinen Schülern suche ich, die Probleme und Bedürfnisse herauszufinden, die ständig wiederkehren.

Besonders in offenen Gesprächsrunden gewinne ich oft überraschende und tiefe Einblicke in das Empfinden und Denken meiner Schüler. Ich versuche herauszufinden, was hinter dem vordergründig gezeigten Verhalten steckt. Etwa die Sehnsucht nach Anerkennung, die sich in immer wieder neuen Varianten äußert; die Zuneigung zum Geheimnisvollen, das sich auch hinter einem ausgeprägten Realitätssinn erhält; die Sehnsucht nach Freiheit und Selbständigkeit, die viele Wünsche durchzieht.

- Ich versuche, Beobachtungen im Austausch mit Kollegen zu reflektieren. Einzelbeobachtungen gewinnen Gewicht, wenn sie von anderen bestätigt werden. Aus mehreren Beobachtungsdetails fügen sich umfassendere Einsichten zusammen.

- Ich orientiere mich an Büchern über die Situation in bestimmten Altersstufen (vgl. S. 56).

Bei der Suche nach Lernmöglichkeiten ergeben sich im Rahmen größerer Unterrichtseinheiten neue Fragestellungen. Ich suche nach Lernmöglichkeiten, die ich in mehreren Einzelgeschichten bzw. Themenaspekten auffinden und entfalten kann.

Was können Schüler in der Begegnung mit dem in den Texten überlieferten Geschehen/Thema lernen?

Auch hier haben Elemente der Kreativität, der didaktischen Phantasie und überraschende Entdeckungen große Bedeutung. Die Lebendigkeit und Vielfalt möglicher Assoziationen und Suchbewegungen geht weit über das hinaus, was in einer Anleitung beschrieben werden kann.

In dieser Vorbereitungsphase nehme ich wiederum Angebote zu didaktischen Leitideen im Lehrplan (vgl. S. 114f.) sowie Anregungen aus Modellen, Handreichungen etc. (vgl. S. 150f.) auf und nutze Gesprächsmöglichkeiten mit Kollegen.

Das Ziel dieser Suchbewegung sind entweder verschiedene mögliche didaktische Leitideen, aus denen dann die günstigste ausgewählt werden kann, oder auch eine didaktische Leitidee, bei deren Abgrenzungen Alternativen so deutlich akzentuiert sind, daß klare Entscheidungen getroffen werden können.

Die von der Planung einer Einzelstunde her bekannte Aufgabe, ein Feld von Lernmöglichkeiten so zu beschreiben, daß entweder eine gewählt oder sich mehrere zu einem stimmigen, überschaubaren, sich gegenseitig stützenden oder bedingenden Gefüge geformt werden können, gilt auch hier, wobei sich das Gewicht auf die zweite Möglichkeit verlagert (vgl. S. 58ff.).

Aus der Vielzahl von Lernmöglichkeiten, die sich aus den Einzelaspekten des Themas bzw. den einzelnen Abschnitten des biblischen Textzusammenhangs ergeben, sollen solche herausgehoben werden, die große Nähe und Verwandtschaft zueinander haben und einen beschreibbaren didaktischen „roten Faden“ bilden können. Das schließt nicht aus, daß auch Lernmöglichkeiten in Betracht kommen, die größeres Eigengewicht haben. Wichtig bleibt dabei, daß die engere oder weitere Zugehörigkeit der einzelnen Lernmöglichkeit zur didaktischen Leitidee klar bestimmt werden kann.

Zu beachten ist, daß die didaktische Leitidee stets mehr ist als eine inhaltliche bzw. theologische Zusammenfassung. Sie strukturiert die ausgewählten Lernmöglichkeiten.

Bei der Suche nach didaktischen Leitideen frage ich:

- Welche Lernmöglichkeiten, die sich in einzelnen Geschichten/Aspekten anbieten, haben gemeinsame Merkmale?
- Wie lassen sich solche Gemeinsamkeiten genauer beschreiben?
- Welche einzelnen Lernmöglichkeiten lassen sich an übergeordnete Lernmöglichkeiten anlagern, bzw. von ihnen her erschließen?

Zwei Suchbewegungen bieten sich an: Eine mehr *induktive,* die vom Einzelnen aus Gemeinsames, Wiederkehrendes sucht und benennt; eine mehr *deduktive,* die von übergreifenden Zielsetzungen her diese an einzelnen Geschichten/Aspekten durchspielt und abwägt.

Ein Beispiel für induktives Vorgehen:
Ich entdecke in den Königsgeschichten, wie David in der Geschichte mit Goliat und in seinem Harfenspiel bei Saul besondere Fähigkeiten erlebt und diese von Gott annimmt. Ich entdecke, wie später in der Freundschaft mit Jonatan ihm von außen her etwas Wichtiges gegeben wird.
In beidem erschließt sich die Lernmöglichkeit, Gott kennenzulernen, sowohl im Wahrnehmen eigener Stärke, wie in der Situation der Hilflosigkeit, und beides ineinander zu sehen.

Ein Beispiel für deduktives Vorgehen:
Ich erkenne in der Davidsgeschichte ein Stück Biographie, die der junger Menschen ähnlich ist, und in dieser Biographie ein Leben mit Gott: In diese Biographie kann ich Erfahrungen des Gelingens, der Angst, der Verzweiflung, der Rettung, des Heranwachsens, der Macht, der Verfehlung einzeichnen.

Meistens greifen beide Suchbewegungen ineinander, wie ja auch beim Umgang mit Erfahrungen beides geschieht: Der Weg von der Vielfalt des Erlebten zum ordnenden Deuten und umgekehrt. Besondere Neigung zur einen oder anderen Suchbewegung hängt vom persönlichen Arbeitsstil ab (vgl. S. 187ff.).

Ich greife auch hier auf die bei der Suche nach Lernmöglichkeiten eingeübten Fragen zurück (vgl. S. 58f.). In Anlehnung an die Lernzieldimensionen frage ich zunächst:

- *Welche in und für Glaubenserfahrungen der Schüler wichtigen Vorstellungen kehren im größeren Text-/Themenzusammenhang an verschiedenen Stellen wieder?*

Welcher Vorstellungszusammenhang könnte die ganze Einheit tragen, die Ereignisse und Erfahrungen des Text-/Themenbereichs erklären, durch Wiederkehr in verschiedenen Inhalten gefestigt werden?

In den Geschichten von David bietet sich als Vorstellungszusammenhang an, daß Zusagen von Gott (Salbung) den gesamten Lebensweg (den Weg des Volkes Israel) begleiten, in Gestalt von Hoffnungen, in Gestalt von Erfüllungen und im Miteinander von beidem.

Beim Thema Umwelt liegt der Vorstellungszusammenhang nahe, daß zum menschlichen Leben die von Gott gegebene Aufgabe dazugehört, Natur verantwortlich zu gestalten, daß Verfehlungen diesen Auftrag nicht aufheben, sondern im Vertrauen auf Gott neue Anfänge möglich sind.

- *Welche in und für Glaubenserfahrungen der Schüler wichtigen Einstellungen kommen im größeren Text-/Themenbereich immer wieder zum Ausdruck?*

Welche Einstellungen bestimmen wesentlich das Verhalten der in den Texten handelnden Personen, rücken beim Thema in den Vordergrund und könnten es den Schülern erleichtern, sich auf sie einzulassen.

In den Geschichten von David sollen Schüler je neu erfahren können, wie das Anerkanntsein durch Gott einem Leben innere Festigkeit und Sicherheit, Beständigkeit und Geduld gibt.

Bei Themen erfordert die Suche nach Identifikationsangeboten gesonderte Aufmerksamkeit. In ihnen soll sichtbar werden, wie Menschen aus christlicher Einstellung heraus, also unter Aufnahme biblischer Impulse, zu den mit dem Thema verbundenen Erfahrungen, Fragen, Problemen Stellung nehmen können.

Naheliegend sind beim Thema Umwelt konkrete Beispiele von Menschen, die sich als Christen für eine Sache engagieren, in deren Biographie faßbar wird, wie biblische Texte ihre Einstellung mitbestimmt haben. An Franz von Assisi kann beispielsweise gezeigt werden, wie seine Hinwendung zum einfachen Leben inmitten der ihn umgebenden Natur aus seiner Begegnung mit der Bibel und seiner gelebten Nähe zu Gott erwächst. Schüler können mitempfinden, wie dieses einfache Leben zugleich große Weite gewinnt, damit auch das Bedürfnis nach Welterfahrung, Erkunden von Neuem aufgenommen wird, und wie auch trotz des Ausgeliefertseins an die ihn umgebende Welt die Zugehörigkeit zur Natur, das Getragensein von Gott den eigenen Lebensvollzug bestimmt.

- *Welche in und für Glaubenserfahrungen der Schüler wichtigen Verhaltensweisen werden im Text-/Themenbereich immer wieder zum Nachvollzug angeboten?*

Welche Verhaltensweisen sind auch in verschiedenen inhaltlichen Beziehungen wiedererkennbar und erleichtern dadurch die Suche nach möglichen Übertragungen in die eigene Lebenssituation?

In den Geschichten von David könnte sich das Anerkanntsein von Gott darin äußern, wie David in verschiedenen Lebenssituationen betet und wie Gebet und Verhalten zueinander passen. Der 23. Psalm („mir wird nichts mangeln" – wie David mit Erfahrungen des Gelingens umgeht; „und ob ich schon wanderte im finsteren Tal" – wie David mit Erfahrungen der Bedrohung umgeht; „Gutes und Barmherzigkeit werden mir folgen mein Leben lang" – wie David mit Erfahrungen des Versagens zurechtkommt) könnte ein Muster für wichtige Lebenssituationen sein, die im Gebet ihren Ausdruck finden und zugleich gefüllt sind mit konkretem Verhalten, das diesem Gebet entspricht.

Beim Thema Umwelt könnte versucht werden, gemeinsam mit den Schülern die an bestimmten Personen kennengelernten Einstellungen in erarbeitete Problemstellungen unserer Zeit hinein fortzuschreiben; z.B.: Was könnte Franz von Assisis Stichwort vom einfachen Leben angesichts des im Unterricht erarbeiteten Energiekreislaufs bedeuten? Wie könnte sich der von ihm gelebte Zusammenhang von Beten und Arbeiten bei uns auswirken?

Zu den gefundenen Lernmöglichkeiten fällt den Schülern der Zugang unterschiedlich leicht oder schwer. Ich prüfe:

- *In welchen Ereignissen und Erfahrungen des Text-/Themenbereichs können sich meine Schüler gut wiederfinden?*

Inwiefern erkennen Sie in diesen Ereignissen usw. andere Erfahrungen, die sie gemacht haben, wieder? In welcher Weise könnte ihnen der Zusammenhang der im Text-/Themenbereich erkannten Lernmöglichkeiten helfen, ihre anderen Erfahrungen unter bestimmten Beziehungen und Gesichtspunkten zu ordnen und angemessen einzuschätzen?

In dem oben angedeuteten Zusammenhang von Lebenssituationen und Gebet anhand des 23. Psalms könnten Kinder ihre eigenen Erwartungen an Gott klären, ihre Enttäuschungen über Nichterfülltes anders sehen, ihr Vertrauen auf Gottes Hilfe neu bestimmen.

Beim Thema Umwelt kann ich bei meinen Schülern mit einer Vielfalt von Beobachtungen und erkannten naturwissenschaftlichen Zusammenhängen rechnen.

- *Mit welchen Aspekten des Text-/Themenbereichs könnte den Schülern nach und nach Zugang zu tieferen, hintergründigeren Erfahrungsbereichen eröffnet werden?*

Die Überzeugung, von Gott angenommen und anerkannt zu sein, kann mit Worten nur unzureichend weitergegeben werden. Deshalb wird in David eine Gestalt angeboten, die dies erfährt – nicht nur einmal, sondern in verschiedenen Situationen je neu –, damit auch Schüler über die Identifikation mit David die Chance bekommen, immer tiefer in diese Erfahrung des Glaubens hineinzufinden.

Von den Sachzusammenhängen des Themas Umwelt ausgehend will ich versuchen, meine Schüler in die ihnen wahrscheinlich viel weniger bewußten Motive der Wünsche nach Herrschaft und nach Geborgenheit, in die Spannungen zwischen beiden und deren mögliches Annehmen und Begrenzen im Vertrauen auf Gott hineinführen.

- *Bei welchen Aspekten des Text-/Themenbereichs muß ich mit Widerstand meiner Schüler rechnen?*

Erscheint es mir wichtig, an diesem Widerstand zu arbeiten? Welche Möglichkeiten erkenne ich in der Planung einer größeren Einheit, solchen Widerstand nach und nach aufzunehmen und die Schüler so über ihn hinwegzuführen?

11jährige werden mißtrauisch sein gegenüber den unmittelbaren Weisungen Gottes an die Propheten Samuel und Natan. Hinter diesem Widerstand steht ihr ernst zu nehmendes Bedürfnis, sich von kindlich-naiven Gottesvorstellungen zu lösen und nach Vorstellungen von Gott zu suchen, die sie mit ihrer Realität in Einklang bringen können.
Ich werde versuchen, die Gestalten der Propheten so nachzuzeichnen, daß Verständnis wächst für ihren Auftrag und für ihre besondere Sensibilität für den Willen Gottes und gleichzeitig dafür, daß bei dem von ihnen erfaßten Willen Gottes Beziehungen erkennbar werden zum Gesamtzeugnis von Gott, seiner Zuwendung zu uns Menschen (z.B. Salbung) und seinem Anspruch an uns (z.B. David und Batseba).

Beim Thema Umwelt muß ich damit rechnen, daß Schüler nach befreienden Lösungen suchen, aus unmittelbaren Eindrücken heraus etwa pauschal die technische Entwicklung verurteilen. Ich werde versuchen, ihnen hier den nötigen Widerstand entgegenzusetzen, der ihnen hilft, zwischen Utopie und Resignation weiterdenken zu können, unterwegs zu bleiben.

IV. DIDAKTISCHE ENTSCHEIDUNGEN

Ich entscheide mich für eine bestimmte didaktische Leitidee.

● Im Verlauf des Planungsprozesses hat sich eine didaktische Leitidee in ihrer umfassenden Reichweite und Tragfähigkeit immer deutlicher herauskristallisiert. Ich präzisiere und formuliere sie. In diesem Fall muß ich besonders darauf achten, daß das Element der Variation nicht zu kurz kommt, daß auch gewichtige Nebenzüge ihr Recht bekommen.

Neben dem Biographischen in der Davidsgeschichte, das in meinem Vorbereitungsprozeß immer deutlichere Konturen gewonnen hat, spielt auch die Historie des Volkes Israel eine große Rolle, mit ihr auch das Interesse meiner Schüler an historischen Details. Mit dem Historischen hängt auch das Zwielichtig-Abgründige in Davids Lebensgeschichte zusammen, mit dem ich zurechtkommen muß.

● Oder ich habe verschiedene Lernmöglichkeiten gefunden, Beziehungen zwischen ihnen entdeckt, aber auch deren jeweilige Grenzen. In diesem Fall muß ich Entscheidungen treffen zwischen Haupt- und Nebenlinien, zwischen einer Mitte, an der sich die ganze Einheit orientieren soll, und Rändern, die weniger Gewicht haben.

Bei den Geschichten zu Sauls Königswahl erscheint mir die Frage nach der rechten Autorität Gottes und der Menschen bedeutsam; bei Davids Aufstieg die biographische Linie, die um Erwählung und Auftrag kreist; bei Davids Königtum die historischen Zusammenhänge; bei Salomons Tempelbau die Frage nach Gottes Gegenwart und dem rechten Gottesdienst. Indem ich die biographische Linie zur Hauptlinie bestimme, bindet sie die anderen Linien. Die Frage nach der Autorität wird besonders in der Geschichte von Davids Ehebruch zum Zug kommen; die historischen Zusammenhänge werden den Gesamtverlauf des Unterrichts eher begleiten; die Frage nach Gottes Gegenwart im Gottesdienst wird an den Rand rücken bzw. in den weiteren Zusammenhang von Gottes mittelbarem Wirken in und durch Menschen hineingenommen.

● Oder ich habe didaktische Leitideen entdeckt, die sich gegenseitig ausschließen. In diesem Fall muß ich mich klar zwischen verschiedenen Möglichkeiten entscheiden.

Ich möchte gerne die Gestalt Davids auf neutestamentliche Bezüge hin ausleuchten, etwa an der Natans-Verheißung. Gleichzeitig möchte ich David als Biographie eines Lebens mit Gott vorstellen. Der ausgewählte Gesalbte, der König in seiner geschichtlichen Einmaligkeit, verweist auf die Einmaligkeit des Erscheinens Jesu, auf Christus vor und über mir; in der Biographie Davids entdecke ich bekannte menschliche Züge und finde ich mich selbst. Beides paßt nicht zusammen, behindert sich gegenseitig: Ich muß hier also eine klare Entscheidung treffen.

Ich beteilige meine Schüler an den didaktischen Entscheidungen

Die Planung größerer Unterrichtseinheiten bietet für das Einüben von Mitentscheidung und Mitverantwortung der Schüler gute Ansatzpunkte (vgl. S. 108f.).

Am günstigsten erscheint es, die Schüler in der Schlußphase meiner Vorüberlegungen, vor den didaktischen Entscheidungen in den Planungsprozeß einzubeziehen. Mögliche Alternativen haben Gestalt angenommen, detailliertere Ziele, Inhalte und Unterrichtswege treten ins Blickfeld. An ihnen können sich Meinungen und Wünsche der Schüler konkretisieren. Sie können wählen oder auch neue Gesichtspunkte ergänzen. An den Alternativen können Schüler auch ihre Möglichkeit der Mitwirkung beim Gestalten einzelner Stunden abschätzen (Erkundigungen, Beschaffung von Material, Berichte und Referate).

- Ich mache mir bewußt, was für mich unverzichtbar ist und in welchem Rahmen ich meinen Schülern Alternativen anbieten möchte.

Beim Thema Umwelt möchte ich auf Grund bisheriger Erfahrungen vor der Auseinandersetzung zwischen biblischen und modernen Weltentstehungstheorien themenorientiert arbeiten, d.h. Erfahrungen mit unserer Welt und Umwelt thematisieren, um so eine Basis zu gewinnen, von der auch die Erfahrungen der biblischen Autoren zugänglich werden. Im Bereich welcher naturwissenschaftlichen Zusammenhänge dann die Begegnung mit den biblischen Weltbildern geführt wird, der kosmologischen im Zusammenhang mit 1. Mose 1 oder der anthropologischen im Zusammenhang mit 1. Mose 2 – darüber sollen die Interessen meiner Schüler entscheiden.

- Ich lege mir zurecht, wie ich meinen Schülern die von mir bedachten Lernmöglichkeiten so präsentieren kann, daß der gemeinsame Planungsprozeß möglichst effektiv wird.

Ich versuche, in Bildern die mir wichtigen Aspekte den Schülern sichtbar zu machen; z.B. in einem Tierbild den Aspekt des Staunens und der Freude; in einer Karikatur den Aspekt der Gefährdung; in einem Foto-Bild den Aspekt des verantwortlichen Umgangs; in Skizzen den Aspekt der naturwissenschaftlichen Zusammenhänge. Ich nutze damit gezielt die Anstoß-Funktion von Bildern aus und achte darauf, daß die anschließenden Gespräche sich auf das Äußern von Interessen beschränken. Gleichzeitig versuche ich, mit den Bildern den Schülern Anstöße zur Mitarbeit zu geben: Vielleicht können sie eigene Erlebnisse und Erfahrungen mit der „guten Schöpfung" einbringen; einen Zusammenhang von Umweltzerstörung, von dem sie schon einiges wissen, eigenständig erschließen; Möglichkeiten verantwortlichen Umgangs, zu denen sie selbst schon Bezug haben, erarbeiten; naturwissenschaftliche Kenntnisse, mit denen sie sich schon befaßt haben, beisteuern.

- Ich halte die getroffenen Absprachen zum Lernweg fest und kläre die Zusammenarbeit mit den Schülern, die bestimmte Aufgaben übernommen haben.

In Zwischengesprächen möchte ich mich vergewissern, mit welchen Schülerbeiträgen ich rechnen kann. Vielleicht brauchen einige Schüler Ermutigung, ihre Beiträge einzubringen. Vielleicht ergeben sich aus den Beiträgen der Schüler Anfragen an mich, die ich rechtzeitig in meine eigene Detailvorbereitung aufnehmen muß.

- Ich prüfe weitergehende Anregungen der Schüler auf ihre Chancen der Verwirklichung und gebe den Schülern möglichst bald darüber Auskunft.

Verschiedene Schüler regen an, aus den Ergebnissen der Unterrichtsarbeit eine Ausstellung zu gestalten, die in der Schule präsentiert werden soll. Bevor ich eine Zusage gebe, frage ich mich, ob ich zu einem solchen Projekt stehen kann und prüfe die organisatorischen Möglichkeiten und Hindernisse.

Auch für die gemeinsame Planung gilt, daß sie nicht starr sein sollte, daß aber Gründe für Änderungen für alle Beteiligten durchsichtig sein müssen.

Wahrscheinlich ist gemeinsam geplanter Unterricht konfliktträchtiger: Schüler stellen Forderungen aneinander, Beziehungsprobleme werden deutlicher sichtbar; Schüler schauen mir „in die Karten" meines Planungsgeschäfts, fordern Kompetenzen ein. Das ist für alle Beteiligten anstrengender, weil mehr als sonst erklärt, begründet, verteidigt werden muß. Besser als globale Forderungen nach Mitbeteiligung der Schüler an der Unterrichtsplanung sind deshalb begrenzte und gezielte Unternehmungen. Auf der anderen Seite können wir mit solchen Planungsprozessen dem Ziel näher kommen, das hinter allem Unterrichten stehen sollte. Schüler sollen lernen, für ihre Aktivitäten selbst Verantwortung zu übernehmen. Sie sollen lernen, danach zu fragen, was für sie selbst wichtig ist. Solches Planen birgt viel motivierende Kraft für die gesamte Unterrichtsarbeit: Schüler können sich im Unterricht dabei auf ganz neue Weise selbst wiederfinden, ihre eigene „Handschrift" entdecken.

Nachdem ich – gegebenenfalls zusammen mit meinen Schülern – die grundlegenden didaktischen Entscheidungen getroffen habe, bedenke ich deren Konsequenzen für die Einzelplanung der Unterrichtsabschnitte.

Ich entscheide mich für Lernziele, Inhalte, Aktions- und Sozialformen, Medien.

Ich skizziere in groben Zügen den Lernweg der größeren Unterrichtseinheit. Was ich von den didaktischen Einzelideen, auf die ich bei der Planung des größeren Zusammenhangs gestoßen bin, jetzt schon festhalten kann, wird mir später die weitere Vorbereitung der einzelnen Stunden erheblich erleichtern.

Auch bei diesem Arbeitsschritt mache ich mir Vorschläge aus Entwürfen und Modellen zunutze (vgl. S. 151 ff.) und suche die Zusammenarbeit mit Kollegen. Bei solchen Gesprächen sollte allen Beteiligten bewußt sein, daß konkrete Vorschläge nicht unmittelbar übertragbar sind, sondern auf ihre Brauchbarkeit für die je verschiedenen didaktischen Leitideen bezogen sein müssen. Es geht also nicht darum, bestimmte Vorschläge überhaupt als gut oder schlecht, brauchbar oder unbrauchbar einzustufen. Solche Klärung kann Enttäuschungen vermeiden helfen, wenn eigene Lieblingsideen von anderen nur zurückhaltend aufgenommen werden.

- *Ich treffe Entscheidungen im Blick auf Ziele:*

Ich forme die didaktische Leitidee zu einer Abfolge von Zielen, lege damit fest, wie mein Gesamtziel für die Unterrichtseinheit in deren Verlauf sich konkretisiert.

Ich bestimme, welche Ziele bei welchen Inhalten verfolgt werden sollen und strukturiere das Verhältnis von Redundanz und Neuem.

Ich kläre, ob der Lernweg eine lineare Entwicklung, einen offenen Prozeß mit je neuen Einsatzpunkten, eine wiederholende Verdichtung oder Vertiefung gleicher Ziele in immer wieder neuen Gestalten hat, oder durch den Wechsel verschiedener Strukturen bestimmt ist.

Die didaktische Leitidee, an der Biographie des David mitzuerleben, was Angenommensein durch Gott heißt, gewinnt Gestalt in der Zielfolge, die dieses Angenommensein zuerst an mehreren einzelnen Beispielen in Erfahrungen der Stärke und Begabung mit Fähigkeiten beschreibt, um es dann später in solchen der Bedrohung und Bewährung zu bekräftigen. Andere Ziele mit geringerer Reichweite ordne ich diesem Zielgefüge zu. Dieser Lernweg hat so insgesamt eine lineare Entwicklung, die aber auf den einzelnen Wegabschnitten viel wiederholende Verdichtung möglich macht.

- *Im Blick auf Inhalte:*

Ich wähle Inhalte aus, an denen die didaktische Leitidee und die beschriebenen Lernziele besonders gut vermittelt werden können.

Ich überlege, auf welche Inhalte ich besser verzichten werde.

Ich lege die Reihenfolge der Inhalte fest.

Im Bereich der Königsgeschichten bestätige ich das besondere Gewicht einzelner „Hauptgeschichten" (Salbung Davids; David und Goliat usw.). Manches nur kurz in der Bibel Erwähnte gewinnt große Bedeutung (z.B. Davids Harfenspiel); andere Geschichten treten zurück (z.B. Saul in En-Dor, Einbringen der Lade u.a.).

- *Im Blick auf Aktions- und Sozialformen:*

Eigentlich gehören Überlegungen zu Aktions- und Sozialformen zur Planung der Einzelstunden. Trotzdem notiere ich Arbeitsformen, die mir jetzt schon einfallen, damit ich bei der Einzelstundenplanung auf Ideen und Anstöße zurückgreifen kann. Manche Arbeitsformen sollte ich darüber hinaus von vornherein in die Umrißplanung mit einbeziehen.

Ich überlege, ob und wie ich bestimmte Arbeitsformen in einem bestimmten Zeitraum gezielt einüben will.

Ich nehme mir vor, bei der Behandlung der Königsgeschichten meine Schüler zum Lesen der biblischen Texte zu führen, sie zunehmend mit dem biblischen Text vertraut zu machen. Oder: Ich nehme mir vor, im Zusammenhang mit den Daviderzählungen Stück um Stück den 23. Psalm einzuüben.

Ich bedenke, wie ich in meiner Umrißplanung zwischen bekannten und neuen, zwischen verbalen und nonverbalen, zwischen vorantreibenden und verweilenden Arbeitsformen ein angemessenes Verhältnis planen kann. Ich reserviere Methoden, die sich rasch abnützen, für diejenigen Unterrichtsabschnitte, zu denen sie am besten passen.

Ich überlege, ob ich für vorgesehene Verfahren im Verlauf der Unterrichtseinheit bestimmte Voraussetzungen schaffen muß.

Zum Thema Umwelt möchte ich gegen Ende der Einheit beispielsweise ein Planspiel durchführen: Forstleute, Sachverständige, Politiker, Industrievertreter, Repräsentanten der Kirchengemeinde sollen zu einer beabsichtigten Baumaßnahme in einem Waldgebiet Stellung nehmen. Von den Anforderungen des Spiels her muß ich bestimmte Sachzusammenhänge, Einstellungen und Handlungsalternativen im Verlauf der Unterrichtsarbeit zur Sprache bringen, damit Teilnehmer und Zuschauer das Planspiel angemessen durchführen und mitvollziehen können.

- *Im Blick auf die Medien:*

Ich überlege, wie ich motivierende Medien angemessen verteilen kann.

Ich halte fest, welche Medien ich wann bestellen muß.

Ich achte darauf, den Schülern Aufträge zum Sammeln und Beschaffen von Gegenständen, Beobachtungsaufgaben u. ä. rechtzeitig zu geben.

V. VERLAUFSPLANUNG

Ich skizziere den Gesamtplan so ausführlich wie möglich, damit keine meiner didaktischen Überlegungen und Einfälle verlorengeht. Eine Anordnung in Spalten könnte auch hier sinnvoll sein (vgl. S. 73 ff.). Ich markiere grob meine wesentlichen Ziele, Überlegungen zum Inhalt, die über das Selbstverständliche hinausgehen, Ideen zu den Verfahren, mit denen ich hier einen besonderen Akzent setzen könnte, Einfälle zu Medien. Ich hebe heraus, was ich dabei in nächster Zeit noch erledigen sollte.

A4 Vorbereitung der Einzelstunde unter Alltagsbedingungen

Nach der Jahresplanung und der Planung größerer Einheiten bleibt mir als dritte Ebene des Planungsvollzugs die Aufgabe, nach und nach die einzelnen Stunden vorzubereiten. Dies geschieht jetzt unter anderen Voraussetzungen als in der Lernphase:

- Die Klasse ist bekannt; verschiedene Arbeitsweisen und Kommunikationswege haben sich eingespielt.
- Durch die vorangegangene Planung der größeren Einheit sind die didaktischen Strukturen der einzelnen Stunden vorgezeichnet.
- Weil ich kontinuierlich unterrichte, wachsen Sicherheit und Kompetenz bei der Vorbereitung; vieles geht schneller.
- Die Vorbereitungszeit ist spürbar knapper, manche Stunde muß in sehr kurzer Zeit vorbereitet werden.

... die Vorbereitung geschieht jetzt unter anderen Voraussetzungen ...

Auch bei der Planung der Einzelstunden nehme ich Anregungen aus dem Lehrplan auf (vgl. S. 110ff.). Eine größere Rolle als bisher spielen Materialien, und Schulbücher. Hierzu gilt das auf S. 146ff. Entwickelte.

Ein besonderes Problem bei der Einzelvorbereitung liegt darin, zur Routine des Alltäglichen ein angemessenes Verhältnis zu bekommen, zwischen „Vereinfachen" und „Verwischen" zu unterscheiden. In der *Übungsphase* soll dieser Abschnitt helfen, die verhältnismäßig aufwendige Planungsstruktur, wie sie in der Lernphase eingeübt wurde, so zu vereinfachen, daß das für jeden Planungsvollzug Unverzichtbare erhalten bleibt. Den geübten *Praktikern* will der Abschnitt Anstöße geben, das Alltagsgeschäft der Stundenvorbereitung auf die in ihm wirksamen Tätigkeiten zu durchleuchten, um so dieselbe Vorbereitungsarbeit bewußter und umsichtiger leisten zu können.

Unter Alltagsbedingungen rücken die in der Lernphase eingeübten aufeinanderfolgenden Vorbereitungsschritte besonders nahe aneinander. Sie werden mehr als sonst zu Funktionen des einen Vorbereitungsprozesses und sind nicht mehr an eine bestimmte zeitliche Abfolge gebunden. Solches „Abschleifen" und Vereinfachen des Vorbereitungswegs ist notwendig und sinnvoll, es bedeutet keinen Rückschritt hinter früher Gelerntes. Gleichzeitig ist auch auf Gefahren zu achten. Wenn die Vorbereitung zu einem undifferenzierten Arbeitsschritt zusammenschrumpft, geht der Blick verloren für das Recht und Gewicht der einzelnen Funktionen, für die Trennschärfe zwischen ihnen.
Die fünf Vorbereitungsschritte haben deshalb hier eine doppelte Aufgabe. Sie helfen zu einer realistischen Einschätzung der notwendigen Vereinfachung und markieren zugleich die Überlegungen, auf die auf Dauer ohne Schaden nicht verzichtet werden kann.

I. PERSÖNLICHE BEGEGNUNG

Sie ist jetzt enger verbunden mit den Überlegungen zur Vermittlung.

> *Was bedeutet das im Text überlieferte Geschehen/das Thema für mich?*

Diese Frage rückt näher an die andere Frage heran: Was ist im Blick auf meine Schüler zu bedenken, was möchte ich ihnen mit diesem Text/Thema vermitteln? Je knapper die Zeit wird, desto mehr Raum nimmt von Anfang an die Frage nach der didaktischen Umsetzung, nach der günstigsten Lernmöglichkeit ein. In meiner unterrichtlichen

Routine dominiert nun die Frage nach dem „Wie“ des Unterrichtens. Meine zunehmende Methoden-Kompetenz hilft mir, diese Frage immer besser zu beantworten.

Freilich sollte ich darauf achten, daß ich dabei die Klärung meines eigenen Standpunkts nicht verdränge, denn Schüler sind sehr sensibel, ob ich selbst zu dem stehe, was ich sage.

> Zu einer modernen Geschichte habe ich mir ein paar gute Impulse überlegt. Meine Schüler aber stellen überraschende Fragen. Das Gespräch nimmt eine ganz andere Wendung. Die überlegten Impulse passen nicht mehr. Jetzt hängt es von meiner eigenen Begegnung und Auseinandersetzung mit der Geschichte ab, ob ich die Interessen meiner Schüler spontan aufnehmen und mit den Intentionen der Geschichte in Verbindung bringen kann, die mir wichtig erschienen.

Ich kann in der täglichen Praxis aus verschiedenen Gründen auf die Funktion einer persönlichen Standortbestimmung als Basis meiner Vorbereitungsarbeit nicht verzichten.

- Ich habe meine Vorerfahrungen mit biblischen Texten und aktuellen Themen.
- Ich will im RU nicht nur Informationen weitergeben, sondern sichtbar machen, daß der Glaube den ganzen Menschen in seinem Lebensvollzug betrifft.
- Ich muß meinen eigenen Standort kennen, um den anderer erkennen und akzeptieren zu können.
- Mein Unterricht ist davon bestimmt, was ich selbst bejahen kann.

II. THEOLOGISCHE ORIENTIERUNG

Sie ist entlastet durch Lehrplanvorgaben und die bei der Planung größerer Einheiten bereits geleistete Arbeit.

Welche theologische Bedeutung hat der Text/das Thema?

Diese Frage wird zunehmend zu einer Kontrollfrage: Kann ich das, was ich mir für meinen Unterricht vorgenommen habe, theologisch verantworten? Paßt es zum Lehrplan? Fügt es sich stimmig in den Rahmen der größeren Unterrichtseinheit ein? Deshalb sollte ich, auch wenn ich unter Zeitdruck stehe,

- mich selbst prüfen, ob ich mich theologisch sicher fühle und ob die fachwissenschaftlichen Zusammenhänge stimmen;
- mir wichtige theologische Gedanken und Strukturen möglichst klar und anschaulich zurechtlegen.

III. DIDAKTISCHE ORIENTIERUNG

Sie steht jetzt in der Mitte der Vorbereitungsarbeit und ist von der Suche nach konkreten Lernmöglichkeiten geprägt.

> *Was könnte bei meinen Schülern mitschwingen? Was könnten sie lernen?*

Diese Fragen kann ich jetzt besser und rascher beantworten, weil ich die Klassensituation aufgrund kontinuierlicher Beobachtung besser kenne und die Unterrichtsziele durch Vorgaben bereits strukturiert sind.

Ich spüre dennoch manchmal im Unterricht, wie weit ich von den Erfahrungen meiner Schüler entfernt bin. Manchmal zerfällt mein Unterricht in eine Summe einzelner methodischer Bausteine, deren innerer Zusammenhang mir im Verlauf des Unterrichts entschwindet. Inmitten meiner unterrichtlichen Routine verliere ich mitunter den kritischen Blick dafür, ob meine Schüler mit ihren Erfahrungen, Kenntnissen, Interessen woanders stehen als ich. Ihr Desinteresse erlebe ich dann oft als persönliche Kränkung.

Ein Religionslehrer nimmt die Nachfolge Jesu für sich sehr ernst und thematisiert diesen Anspruch auch im Unterricht. Den Schülern erscheint dieser in solcher Ernsthaftigkeit aber fremd, vielleicht sogar bedrohend. Sie reagieren abwehrend, aggressiv; der Lehrer empfindet dies als Ablehnung seiner Person und seines Glaubens, wird durch das Verhalten der Schüler gekränkt und reagiert enttäuscht.

Ich sollte mich deshalb immer wieder neu in die Vorerfahrungen, Erwartungen und Bedürfnisse meiner Schüler hineinversetzen, damit mein Unterricht in Verbindung bleibt mit ihrer Erfahrungswelt. Auch wenn dies oft genug sehr mühsam ist, versuche ich doch, immer wieder gleichsam mit den Augen der Schüler nach möglichst günstigen Lernmöglichkeiten Ausschau zu halten.

IV. DIDAKTISCHE ENTSCHEIDUNGEN

Unter dem Zeitdruck wird die Zahl der Alternativen, zwischen denen entschieden werden muß, kleiner.

> *Ich entscheide mich unter Berücksichtigung aller Vorgaben für Lernziele, Inhalte, Aktions- und Sozialformen, Medien.*

Diese Entscheidungen müssen sich oft mit dem Nächstliegenden begnügen. Wurde in der Lernphase der Entscheidungsprozeß linear beschrieben, so fallen in der Übungs- und Praxissituation diese Entscheidungen mehr oder weniger gleichzeitig.

Oft genug lasse ich mich jedoch von bestimmten Verfahren und Medien so leiten, daß ich die Entscheidungen gar nicht mehr bewußt treffe. Manchmal entdecke ich im Unterrichtsverlauf Widersprüchliches, Absichten, die sich gegenseitig behindern, zwischen denen ich hätte entscheiden müssen.
Ich sollte deshalb auch unter Zeitdruck bewußt Entscheidungen treffen und mir die Folgen dieser Entscheidungen deutlich vor Augen stellen. Ich sollte Ziele, Inhalte, Aktions- und Sozialformen und Medien bewußt aufeinander abstimmen und diese Stimmigkeit überprüfen. Dabei sollte ich auch die Möglichkeit, meine Schüler an den Entscheidungen zu beteiligen, nicht aus den Augen verlieren. Je durchsichtiger mir selbst meine unterrichtlichen Entscheidungsprozesse sind, desto leichter wird es mir fallen, Schüler angemessen daran zu beteiligen.

V. VERLAUFSPLANUNG

Sie wird deutlich knapper. Ich brauche sie freilich auch weiterhin als Lehrnachweis und als Erinnerungshilfe für spätere Jahre. Ich notiere jetzt in Stichwörtern, aber doch so ausführlich, daß ich später ohne Mühe erkennen kann, was ich damals wollte (Ziele), was ich bearbeitet habe (Inhalte), wie ich gearbeitet habe (Aktions- und Sozialformen), welche Medien ich eingesetzt habe. Ich notiere bei Medien und Texten die Fundstellen, damit ich sie später problemlos wiederfinden kann.

B Unterrichtsvorbereitung mit Hilfe von Modellen, Unterrichtsvorschlägen, Materialien

Bei der Vorbereitung meines Unterrichts kann ich auf mancherlei Hilfen zurückgreifen: auf Empfehlungen und Anregungen in den Lehrplänen, auf Schulbücher und Lehrerhandbücher, Handreichungen und Unterrichtshilfen zu verschiedenen Themen, Materialangebote etc.

Solche Hilfen sind sinnvoll und wichtig:

- Wer seinen Unterricht didaktisch durchdacht und methodisch beweglich und abwechslungsreich gestalten möchte, braucht viele Ideen und Materialien, die in der üblichen Vorbereitungszeit kaum aus eigener Kraft bereitgestellt werden können.
- Didaktische Ideen und Hilfen für die Unterrichtsgestaltung sind weithin übertragbar, so daß durch Austausch und Weitergabe der Anregungen die Qualität des RU verbessert werden kann.
- Konkrete Vorschläge und Materialien können meiner Vorbereitungsarbeit auch dann wichtige Impulse geben, wenn ich mich auf Grund meiner eigenen didaktischen Entscheidungen zu anderen Arbeitswegen als den vorgeschlagenen entschließe.

Dennoch wirft die Arbeit mit Unterrichtshilfen Probleme auf. Obwohl es noch nie soviel Arbeitsmaterial für den RU gab wie heute, ist der Ruf nach guten Unterrichtshilfen nicht leiser geworden. Offensichtlich liegt das Problem nicht nur bei den Unterrichtshilfen selbst, sondern auch beim Umgang mit ihnen. Erwartungen an Unterrichtshilfen sind oft in sich widersprüchlich. Sie sollen einerseits die eigene Vorbereitungszeit verkürzen und deshalb rasch überblickt und beurteilt werden können. Gute Anregungen sollen unmittelbar ins Auge springen. Andererseits wird erwartet, daß Arbeitshilfen den Unterricht sehr detailliert beschreiben und begründen.

Manche blättern Unterrichtshilfen durch und können auf den ersten Blick mit ihnen kaum etwas anfangen. Was sie in ihnen finden, paßt nicht zu ihren eigenen, noch unklaren und diffusen Erwartungen. Andere vertrauen sich einem Entwurf an, ohne sich mit den Zielen zu beschäftigen, auf welche hin die Unterrichtsvorschläge angelegt sind. Sie erleben dann den eigenen Unterricht als etwas Fremdes. Sie fühlen sich im Stich gelassen und spüren oft erhebliche Spannungen, wenn sie eigene Akzentuierungen einzubringen versuchen.

… manche vertrauen sich einem Entwurf an …

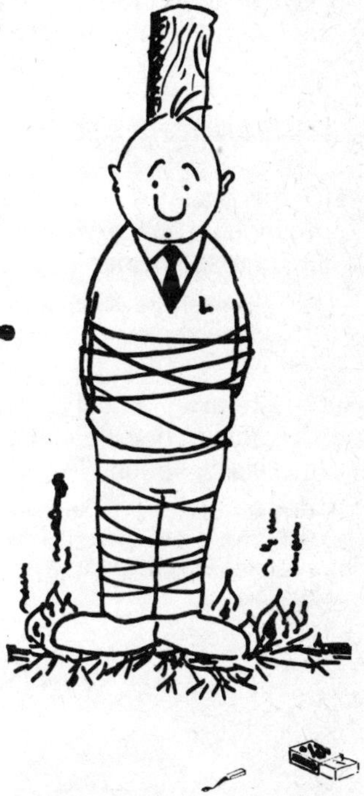

… und fühlen sich dann im Stich gelassen …

Mit Materialien arbeite ich sowohl bei der Planung größerer Unterrichtseinheiten als auch bei der Vorbereitung der Einzelstunden. Bei der *Umrißplanung* erwarte ich, daß Materialien mir den Einstieg in die didaktische Arbeit erleichtern und dabei helfen, meine eigene didaktische Leitidee zu entwickeln. Bei der *Planung einzelner Stunden* erwarte ich, daß ich rasch zugreifen, geeignete Elemente entdecken und in meine Unterrichtsplanung integrieren kann.

Unterrichtshilfen beziehe ich so in den Vorbereitungsprozeß ein, daß ich sie möglichst zeitsparend für meine Unterrichtsabsichten nutzen, ihre Intentionen in eine klare Beziehung zu meinen eigenen Zielen setzen und die Angebote auswählen, angemessen verändern und überlegt in meinen Plan einordnen kann.

Die bekannten fünf Vorbereitungsschritte können mir dabei helfen. Bei jedem dieser Schritte kann die Arbeit mit Materialien ihren besonderen Beitrag zu meiner Unterrichtsplanung leisten. Die Schritte wirken damit wie Filter, die je Verschiedenes an den Unterrichtshilfen aufschließen und es mir an der jeweils passenden Stelle meiner Vorbereitungsarbeit zugänglich machen.

I. PERSÖNLICHE BEGEGNUNG

Ich frage zuerst: Brauche ich für meine persönliche Begegnung Anregungen aus Unterrichtshilfen oder sollte ich mir nicht besser Zeit dafür nehmen, meinen eigenen Gedanken Raum zu geben?

Meist ist es sehr gewinnbringend, der eigenen Bequemlichkeit zu widerstehen und zuerst in den eigenen Gedanken und Erinnerungen zu lesen statt in Unterrichtshilfen.

Habe ich mich entschlossen, bei der persönlichen Begegnung bereits Unterrichtshilfen zu benutzen, sollte ich mir von ihnen noch nicht zuviel erwarten.

Der erste Blick in Unterrichtshilfen hat manch Zufälliges an sich: Etwas gefällt mir – etwas stößt mich ab; ich bleibe wo „hängen“, entdecke Beziehungen, greife zu – ich blättere weiter, lese nur flüchtig einzelne Signalsätze.

Damit ich meine ersten spontanen Eindrücke von Unterrichtshilfen produktiv für meine weitere Vorbereitungsarbeit nutzen kann, frage ich:

Was spricht mich in den Unterrichtshilfen an?

- Auf welche Spur setzt mich das in den Unterrichtshilfen Gelesene?
- Wird mir in meinem Suchen deutlicher, wonach ich eigentlich suche?
- Kann ich schon den Abstand bzw. die Nähe der Unterrichtsvor-

schläge zu dem bestimmen, was mir für meinen Unterricht vorschwebt?
- Mit welchen Gründen nehme ich bestimmte Vorschläge in die engere Wahl bzw. lehne sie ab?

Wenn ich möglichst genau bestimmen kann, was mir an Unterrichtshilfen gefällt oder nicht gefällt, wird mir zugleich deutlicher, was ich in meinem Unterricht möchte. Dann kann ich auch innerhalb der einzelnen Angebote besser differenzieren zwischen Elementen, die ich übernehmen, nur modifiziert übernehmen oder gar nicht verwenden kann.

II. THEOLOGISCHE ORIENTIERUNG

Bei der *Umrißplanung* können mir die folgenden Fragen helfen, in der Arbeit mit Materialien meine entstehenden didaktischen Überlegungen theologisch einzuordnen und die relevanten theologischen Beziehungen besser zu erkennen.

Bei der *Vorbereitung von Einzelstunden* werden die Fragen zum Kontrollpunkt, der mich vor unerkannten theologischen Absichten in den Materialien und deren Folgen für meinen Unterricht schützen soll.

Ich befrage Unterrichtshilfen nach deren theologischen Voraussetzungen, um sie an meinen eigenen theologischen Interessen und Intentionen und umgekehrt meine zu klärenden Interessen an ihnen zu überprüfen.

Welche theologischen Akzente in den Unterrichtshilfen kann ich mir erschließen, und wie gehe ich mit ihnen um?

- Welche theologischen Akzentsetzungen fallen mir auf?

  Mit dieser Frage nehme ich besonders die Vorbemerkungen und Hinweise in den Blick, in denen Vorschläge für den Unterricht theologisch begründet werden. Je gezielter ich theologische Argumente aufsuchen kann, desto leichter wird es mir fallen, mich in den oft weniger einladenden Vorüberlegungen zu orientieren und das für mich Interessante und Bedeutsame zu finden.
- Wie verhalten sich diese Akzente zu meinen getroffenen Vorent-

scheidungen bzw. zu meiner sich klärenden theologischen Einschätzung?

Welche theologischen Akzente fehlen, die mir wichtig sind? Welche neuen theologischen Akzente kommen durch die Unterrichtshilfen ins Blickfeld? Möchte ich sie aufnehmen?
Auf welche theologischen Zusammenhänge werde ich gestoßen, über die ich mir selbst noch Klarheit verschaffen muß?

- Wie werden sich Spannungen zwischen den theologischen Akzenten der Unterrichtshilfen und meinen eigenen theologischen Intentionen auf die Verwendbarkeit der konkreten Vorschläge in meinem Unterricht auswirken?

An manchen Unterrichtsvorschlägen werde ich auf Grund solcher Spannungen das Interesse verlieren; manche werde ich im Blick behalten und die konkreten Vorschläge von den reflektierten theologischen Intentionen aus weiter bedenken.

III. DIDAKTISCHE ORIENTIERUNG

Ich befrage Unterrichtshilfen daraufhin, welche Interessen und Leistungsfähigkeit sie bei den Schülern voraussetzen und erwarten. Dabei muß ich bedenken, daß Unterrichtshilfen nicht auf meine konkrete Klassensituation hin konzipiert sind. Sehr viele Unterrichtshilfen liegen in ihrem Anspruchsniveau über dem Durchschnitt. Ich muß also die Unterrichtshilfen auf meine konkrete Klassensituation hin überprüfen.

Was könnte bei meinen Schülern Resonanz finden?

- Welche Lernangebote werden meine Schüler vermutlich gerne annehmen?
  Bei welchen ihrer Interessen werden meine Schüler abgeholt?
- Welche Differenzen erkenne ich zwischen den Angeboten und den Interessen und Fähigkeiten meiner Schüler?
- Welche möglichen Änderungen kommen ins Blickfeld?
- Stoße ich in der Auseinandersetzung mit den Unterrichtshilfen auf ganz neue Zugänge zum Erfahrungsbereich meiner Schüler?

Ausführliche Handreichungen bieten oft viele Lernmöglichkeiten an.

Bei der Suche nach Lernmöglichkeiten ist die Arbeit mit Unterrichtshilfen deshalb in der Regel sehr ergiebig. Ich versuche an den Unterrichtsvorschlägen die Lernmöglichkeiten genau zu bestimmen. Dabei lese ich die Vorschläge bewußt unter den Voraussetzungen und Kriterien meiner bisherigen Vorbereitungsarbeit. Ich frage deshalb:

Welche Lernmöglichkeiten werden in den Unterrichtshilfen angeboten, die meinen Schülern weiterhelfen?

In manchen Unterrichtshilfen werden zum angebotenen Material keine Lernmöglichkeiten benannt. Das gilt vor allem für Sammlungen von Bildern, Texten und Arbeitsblättern, auch für Schulbücher, zu denen es keine Lehrerhandbücher gibt. Je weniger die einzelnen Materialien bestimmten Lernmöglichkeiten zugeordnet sind, desto breiter ist zwar ihre Verwendungsmöglichkeit, desto genauer muß ich mir aber überlegen, welche Lernmöglichkeiten in ihnen stecken. Auch wenn in Unterrichtshilfen Ziele formuliert sind, versuche ich mir zu verdeutlichen, wie diese zu den Ausführungen passen.

- Wie fügen sich diese Lernmöglichkeiten zu meinen getroffenen Vorentscheidungen oder zu meinen sich erst noch klärenden Überlegungen und Absichten?
- Wie müßte ich das Lernangebot verändern, damit es zu meinen Zielen paßt?
- Welche zusätzlichen Lernmöglichkeiten kommen mir in der Auseinandersetzung mit den angebotenen in den Blick?

IV. DIDAKTISCHE ENTSCHEIDUNGEN

Je mehr ich mich in meiner Vorbereitung mit Unterrichtshilfen beschäftige, desto wichtiger sind bewußt vollzogene Entscheidungen, mit denen ich Anregungen in meine eigene Verantwortung übernehme. Ich achte darauf, daß ausgewählte Ideen und Materialien nicht zu Fremdkörpern in meinem Unterricht werden.

Bei der Einzelplanung und dem dabei herrschenden Zeitdruck achte ich besonders darauf, daß sich Ausgewähltes und Eigenes stimmig ineinanderfügen. Diese Stimmigkeit muß ich auf den Ebenen der Ziele, Inhalte, Aktions- und Sozialformen, Medien herstellen.

Ich treffe Entscheidungen über Ziele, Inhalte, Aktions- und Sozialformen, Medien.

Ich frage im Blick auf die Ziele:

- Welche Ziele und Teilziele kann ich aus Unterrichtsvorschlägen übernehmen?
- Passen diese Teilziele auch zu den anderen vorgesehenen Teilzielen und zu den die Unterrichtseinheit leitenden Lernzielen?
- Sind alle Teilziele notwendig? Ist ihre Abfolge stimmig?

Ich frage im Blick auf die Inhalte:

- Welche Inhalte habe ich mir über die Unterrichtshilfen zuspielen lassen? Sind diese Inhalte für meine Schüler überschaubar?

  Manchmal entdecke ich im Nebeneinander verschiedener Inhalte (Kontrast, gegenseitige Erklärung u. a.) didaktische Chancen. Ich muß aber berücksichtigen, daß jeder Inhalt angemessen zu erschließen ist, sein eigenes Gewicht hat, seine Zeit braucht. Über die Inhalte kommen viele konkrete Vorstellungen und Erfahrungen ins Spiel, die meinen Unterricht mitbestimmen.

- Passen sie zu den von mir gesetzten Zielen?
- Sind sie der Aufnahmefähigkeit meiner Schüler angemessen?

  Diese Frage ist vor allem beim Auswählen von Texten wichtig, weil uns die Arbeit mit Texten so geläufig ist, daß wir bestimmte Schwierigkeiten unserer Schüler im Umgang mit Texten oft kaum vorhersehen. Zudem sind Texte meist Ausschnitte aus größeren Zusammenhängen, die oft unvermutete Anschlußschwierigkeiten bieten. Zu beachten ist auch, daß sich Materialsammlungen oft an der oberen Grenze der Aufnahmefähigkeit unserer Schüler orientieren.

Ich frage im Blick auf Aktions- und Sozialformen:

- Welche Aktions- und Sozialformen möchte ich aus den Unterrichtshilfen aufnehmen?
- Wo muß ich konkretisieren und ergänzen?

  In diesem Bereich läßt die Ausführlichkeit konkreter Unterrichtshilfen oft nach. Sie rechnen mit der pädagogischen Fähigkeit des Unterrichtenden, auch kürzere Hinweise mit den eigenen methodischen Erfahrungen und Fähigkeiten zu füllen.

- Sind vorgeschlagene Aktions- und Sozialformen in meiner Klasse durchführbar, muß ich sie verändern oder durch andere ersetzen?

- Sind die Arbeits- und Sozialformen den Zielen und Inhalten angemessen?
- Sind alle Bedingungen erfüllt, damit die ausgewählten Aktions- und Sozialformen durchgeführt werden können?

Ich frage im Blick auf Medien:

- Welche Medien kann ich in meinem Unterricht einsetzen?

  Medien haben oft eine faszinierende Wirkung. Sie verheißen meinem Unterricht Attraktivität und stark motivierende Impulse. Gerade deshalb sind Kontrollfragen wichtig. Sie verschaffen mir die nötige Distanz, die zu angemessener Einschätzung der Medien nötig ist.

- Kann ich die angebotenen Medien in meiner Klasse angemessen einsetzen und ausschöpfen?

  Der Einsatz von Medien bringt immer auch eine Entlastung des Unterrichtenden. Ich darf diese Entlastung annehmen und sollte sie zugleich so begrenzen, daß Eindruck und Ausdruck bei meinen Schülern in einem angemessenen Verhältnis stehen.

- Habe ich mich selbst ausreichend mit den ausgewählten Medien vertraut gemacht?

  Zwar sind in Unterrichtshilfen Medien oft sehr konkret beschrieben und mit Arbeitsanweisungen versehen. Aber die Arbeit der Schüler hängt davon ab, wie ich mit meinen eigenen Worten diese Arbeit vorbereite und steuere, auf unvermutete Wendungen der Unterrichtsarbeit reagiere.

V. VERLAUFSPLANUNG

Beim Notieren meines Unterrichtswegs markiere ich deutlich, welche Elemente aus Materialien stammen und halte die Fundorte fest. So kann ich später ohne Mühe darauf zurückgreifen. Ich vergewissere mich, daß ich die aus den Unterrichtshilfen übernommenen Vorschläge zu meinen eigenen gemacht habe, indem ich sie beim Aufschreiben des Unterrichtsentwurfs in der mir gewohnten Form mit meinen eigenen Worten formuliere.

Wahrscheinlich geht nur ein kleiner Teil meiner Arbeit mit Materialien in die Verlaufsplanung ein. Günstig ist es, wenn ich mir einen möglichst großen Teil des gesichteten Materials präsent halte, damit ich es bei der Vorbereitung ähnlicher Themen gezielt benutzen kann. Ich baue mir deshalb eine persönliche Ideen- und Materialsammlung auf.

Die hilfreichsten Unterrichtsmaterialien sind auf die Dauer die von mir selbst erarbeiteten, gesammelten und geordneten: meine eigenen Entwürfe und meine eigene Materialsammlung.

C Unterrichtsplanung und die Situation in der Klasse

Im Unterricht haben wir es mit lebendigen Menschen zu tun. Dem Aspekt des Planens steht deshalb immer der des Unterrichtsvollzugs gegenüber. An ihm werden die Grenzen der vorbereitenden Planungsarbeit sichtbar: Das lebendige Unterrichtsgeschehen begrenzt und relativiert die Unterrichtsplanung, weil in ihm vieles ganz anders verläuft, als wir es uns bei der Vorbereitung vorgestellt hatten.

Blieben die bisherigen Planungsbereiche auf den Weg von der Jahresplanung zur Vorbereitung der Einzelstunde beschränkt, so bestünde sicher die Gefahr eines verplanten Unterrichts, bei dem Schüler nur noch das zu vollziehen haben, was der Lehrer vorgedacht hat. Manchmal wird aus solchen Feststellungen ein Gegensatz zwischen Planung und Unterrichtssituation abgeleitet: Planung sei immer situationsfeindlich, verhindere die Offenheit der Unterrichtenden für die unmittelbare Situation. Wir können uns dieser Meinung nicht anschließen. Wir sehen im Verhältnis von Planung und Situation vielmehr eine fruchtbare Spannung, die es anzunehmen und zu nutzen gilt.

Bei unseren bisherigen Überlegungen versuchten wir im dritten Vorbereitungsschritt, der didaktischen Orientierung, so nahe wie möglich an die Situation unserer Schüler heranzukommen, freilich unter dem Vorbehalt, daß dieser Schritt erst in der konkreten Unterrichtssituation seine Bestätigung erfährt oder verändert werden muß. Auch in solchen Fällen, in denen die unmittelbare Unterrichtssituation unvorhergesehene Anforderungen an uns stellt, halten wir Planung für unerläßlich. Freilich werden es neue Fragen sein, mit denen wir solchen Ansprüchen des konkreten Unterrichts an unsere Planung gerecht zu werden versuchen.

C1 Unterrichtsplanung in situativen Anlässen

> Vor dem Klassenzimmer steht der 10jährige Robert und schluchzt. Ich bleibe bei ihm vor der Tür stehen und er sagt mir: „Die anderen lassen mich nicht hinein. Sie sagen, ich sei blöd, ich passe nicht zu ihnen. Sie wollen mich nicht haben!"
> Ich weiß in diesem Augenblick, daß ich meinen vorbereiteten Unterricht in dieser Stunde nicht halten werde. Zweierlei ist es, was mich jetzt beansprucht: Robert, mit dem ich gerne noch ein bißchen reden möchte, und die Klasse, die auf mich wartet, in der ich jetzt unterrichten soll. Und ich überlege, wie ich beides zusammenbringen kann.
> Ich sage zu Robert: „Ich möchte die anderen gerne fragen, warum sie dich nicht hereinlassen wollen, und würde gerne mit ihnen darüber reden. Bist du damit einverstanden, daß wir jetzt miteinander über diese Sache sprechen?" Robert nickt zustimmend.
> Ein paar Sekunden warte ich noch und versuche mir einige Gedanken zurechtzulegen. Dann trete ich mit Robert ein.

Auch in einer Situation, die mich unvorbereitet trifft, muß ich planen – in wenigen Sekunden und vorläufig zwar, aber ich muß meine Lehrerrolle übernehmen, habe eine Unterrichtsabsicht, formuliere aus dieser Absicht heraus beispielsweise Gesprächsimpulse, begleite und lenke das Gespräch, indem ich es an Zielen messe, die ich nach und nach deutlicher fassen kann. Auch dabei können mir die fünf Vorbereitungsschritte helfen. Mit ihnen leuchte ich wie in einer Momentaufnahme die vorgefundene Situation aus, um sie möglichst gut didaktisch zu gestalten.

I. PERSÖNLICHE BEGEGNUNG

Die erlebte Situation betrifft mich so stark, daß ich darauf reagieren muß. Ich entwickle aus meiner Betroffenheit ganz spontan Ziele, noch ohne zu wissen, ob die Ziele überhaupt zueinander passen und wie ich sie ansteuern kann. Ich frage:

Was bedeutet die Situation für mich?

- Will ich die Situation aufgreifen? Welche Bedenken werden wach? Woran erinnert sie mich?
- Was traue ich mir zu?

– Welche Fragen und Probleme kommen mir in den Blick? Welchen didaktischen Rahmen stecke ich damit in ersten Umrissen ab?

Ich will Robert helfen, mit dieser Situation fertig zu werden, und den Mitschülern Anstöße geben, diese Situation zu klären. Ich möchte aber auch deutlich machen, daß diese Situation mit dem RU zu tun hat, daß es hier um eine Anwendung dessen geht, was wir schon mehrfach theoretisch bedacht haben.

… die erlebte Situation betrifft mich so stark, daß ich darauf reagieren muß …

II. THEOLOGISCHE ORIENTIERUNG

> *Ich überlege, was meine Absicht mit meiner Aufgabe als Religionslehrer zu tun hat.*

- Was erscheint mir an der Situation theologisch bedeutsam?
- Inwiefern fühle ich mich in meiner Person theologisch herausgefordert?
- Zu welchen theologischen Themen bieten sich in der Situation glaubwürdige und vertretbare Zugänge an?

Die Situation mit Robert spricht mich zunächst auf der mitmenschlichen Ebene an: Ich will Robert helfen. Das bin ich ihm gerade als Religionslehrer schuldig.
Ich spüre aber zugleich, daß es in diesem Helfen um mehr gehen kann: Ich möchte ihm und der Klasse zeigen, daß Glaube sich in konkreten Lebensvollzügen äußert. Was – implizit – zunächst als Klärung der unmittelbaren Situation geschieht, könnte doch auch explizit werden – im symbolischen Darstellen dessen, daß jeder Mensch mit seinen Schwächen von Gott anerkannt und geliebt ist; in Jesus-Geschichten, in denen Jesus solches Annehmen praktiziert hat und als Aufgabe anderen weitergibt.
Falls Robert – was ich nicht ausschließen möchte – am Verhalten der Klasse nicht unschuldig ist, könnte hier auch der Gedankenkreis von Vergeben und Neuanfang mitschwingen. Diese thematischen Aspekte bleiben aber davon abhängig, ob meine spontane Einschätzung der Situation wirklich zutrifft.

III. DIDAKTISCHE ORIENTIERUNG

> *Was schwingt bei den Schülern in dieser Situation mit? Was können sie in ihr lernen?*

- Was ist vorausgegangen? Welche Ursachen kann ich erkennen?
- Bei welchen Fragestellungen, Impulsen, Aufgaben kann ich Motivation und Interesse erwarten?
- Auf welche Wege werden sie sich einlassen?
- An welchen Stellen muß ich mit Widerstand rechnen und wie will ich damit umgehen?

Ich erwarte gespannte Aufmerksamkeit, wenn ich mit Robert hereinkomme und ankündige, daß ich die Angelegenheit mit der Klasse besprechen möchte. Ich befürchte, daß das Gespräch sich hauptsächlich in gegenseitigen Vorwürfen bewegen wird. Ich möchte gerne darauf hinwirken, daß die Schüler sich in die Situation von Robert hineinversetzen, es zumindest versuchen. Ich möchte Erfahrungen von Angenommensein und Anerkennung zur Sprache bringen. Was bedeuten diese für einen Menschen? Was ist, wenn man darauf verzichten muß? Ich hoffe, daß zumindest einige der Schüler aus dem Besprochenen Schlüsse für ihr Verhältnis zu Robert ziehen.

IV. DIDAKTISCHE ENTSCHEIDUNGEN

Ich treffe eine erste Entscheidung und versuche, Folgeentscheidungen so gut wie möglich mitzubedenken.

- Ich versuche, mir ganz bestimmte Ziele deutlich zu machen, damit ich sie auch entschlossen verfolgen kann.
- Ich überlege, auf welche Inhalte ich jetzt oder im weiteren Verlauf der Stunde zurückgreifen kann.
- Ich entscheide mich für Methoden und Medien, die mir jetzt oder im weiteren Verlauf als günstig erscheinen.

Ich entscheide mich, mit einem Gespräch zu beginnen, in dem die Schüler Gelegenheit haben, zum Vorfall Stellung zu nehmen. Im Gesprächsverlauf möchte ich deutlich Impulse setzen, mit denen ich die Schüler auffordern kann, sich in die Situation eines anderen hineinzudenken.
Zugleich versuche ich, weiter zu überlegen – eine Vorlesegeschichte zur Thematik fällt mir ein, die ich in kurzen Zügen erzählen könnte; die biblische Geschichte von Jesus und Zachäus kommt mir in den Sinn. Gespräch und Erzählen werden wohl die tragenden Verfahren sein; nach der Erzählung könnte sich auch ein Rollenspiel als Möglichkeit der Verarbeitung anbieten. Bei diesem Vorausdenken behalte ich mir vor, das Thema zu beenden, wenn ich es für angemessen erachte, auch wenn die von mir angedachten sachlichen Zusammenhänge noch nicht zur Sprache kamen.

V. VERLAUFSPLANUNG

Eine Verlaufsplanung erübrigt sich hier.

C2 Vorbereitung von situativen Anlässen aus

Manchmal ist der Anlaß weniger drängend, so daß es mir günstiger erscheint, ihn erst in der nächsten Stunde und damit besser vorbereitet aufzunehmen. Zuweilen blieb er mir während des Unterrichts noch zu sehr verdeckt, erst im Nachhinein erkenne ich seine Brisanz.

Bei der Arbeit am Schöpfungsbericht 1. Mose 1 geraten sich zwei Schüler über der Frage in die Haare, ob man denn an einen Gott glauben kann, der die Zerstörung der Welt durch die Menschen zuläßt. Erst im Verlauf des Gesprächs wird die Schärfe dieser Frage klar und auch das Interesse der Mitschüler offenkundig. Die Situation wird mir zur Aufgabe, meine Pläne zu ändern, nämlich die weitere Beschäftigung mit den beiden Schöpfungsberichten zurückzustellen.

Ich habe bis zur nächsten Stunde Zeit und kann die kurzfristige Neuplanung anhand der bekannten Vorbereitungsschritte gründlicher vornehmen.

I. PERSÖNLICHE BEGEGNUNG

Situative Anlässe erwachsen aus existentiellem Engagement meiner Schüler. Eine Frage bricht auf; Erlebtes drängt danach, gedeutet zu werden. Dieses Engagement verlangt, daß ich ihm auch in mir selbst Raum gebe, daß ich ihm mit meinem eigenen Leben und Deuten nachzuspüren versuche. Deswegen hat der Vorbereitungsschritt der persönlichen Begegnung hier besonderes Gewicht.

Gleichzeitig ist die persönliche Begegnung bei situativen Anlässen verständlicherweise sehr eng mit dem dritten Schritt der didaktischen Orientierung verbunden. Deshalb wird dieser dritte Schritt bei der Planung von situativen Anlässen aus oft an die erste Stelle rücken. Um die Übersichtlichkeit zu erhalten, haben wir aber darauf verzichtet, die vertraute Abfolge der Schritte zu verändern.

Ich habe in meiner Klasse einen Anlaß wahrgenommen und will ihn in meine Unterrichtsplanung einbeziehen.

- Vielleicht ist dieser Entschluß nach und nach in mir gereift.
- Vielleicht habe ich mich von meinen Schülern zu Versprechungen über eine veränderte Unterrichtsplanung drängen lassen.
- Vielleicht habe ich gemeinsam mit meinen Schülern schon tragfähige Vorentscheidungen getroffen.

Ich versuche, mir zunächst über meine Sicht des situativen Anlasses Klarheit zu verschaffen. Ich mache mir bewußt, was ich mir vorgenommen und worauf ich mich eingelassen habe.
Was kann und will ich in dieser Situation leisten?

Wie sehe ich die aus der Situation für mich entstandene Aufgabe?

- Mit welchen Empfindungen gehe ich auf die Aufgabe zu? Bin ich unwillig, fühle ich mich unter Druck gesetzt? Spüre ich neue Chancen für meinen Unterricht?

Die Antworten können mir helfen beim Abwägen zwischen dem, was für meine Schüler wünschenswert, und dem, was für mich möglich ist; zwischen dem Recht der Schüler auf Unterrichtsinhalte, die sie selbst betreffen, und meiner Verantwortung für die Kontinuität des Unterrichts.

- Wo liegen meine Interessen bei der Aufgabenstellung?

Indem ich situative Anlässe aufnehme, signalisiere ich meinen Schülern besonderes Interesse für ihre Fragen. Je mehr Nähe ich zwischen den wahrgenommenen Interessen der Schüler und meinen eigenen spüre, desto leichter wird es mir fallen, den Wünschen meiner Schüler entgegenzukommen; desto größer ist aber auch die Gefahr der Verwechslung, daß ich den Schülern eigene Interessen unterschiebe und damit die in ihnen geweckten Erwartungen enttäusche. Deshalb ist es wichtig, daß ich meine eigenen Interessen an dieser Aufgabenstellung möglichst gut kenne, um sie angemessen ins Spiel bringen zu können.

- Welche Ansatzpunkte für meine Planungsarbeit kann ich festmachen? Zeichnen sich schon didaktische Linien ab? Kann ich mich auf konkret benannte oder naheliegende Themen/Inhalte beziehen? Kann ich an bestimmte, von den Schülern selbst eingebrachte bzw. bearbeitete Inhalte oder Aspekte anknüpfen?

Beim situativen Anlaß zum Thema Gott und Umwelt habe ich erlebt, wie Schüler plötzlich an zentralen Fragen des Glaubens „dran" sind. Doch ich spüre hinterher zunächst wenig Neigung, mich ausführlicher auf die Fragestellungen einzulassen. Das Problem ist so weitläufig, kaum greifbar. Es kann so leicht zerredet werden. Gleichzeitig wird mir bewußt, daß viel von meiner Glaubwürdigkeit daran hängt, daß ich hier nicht ausweiche. Ich möchte die Erörterung der Frage gerne begrenzen, etwa auf authentische Stellungnahmen von Menschen unserer Zeit. Ich spüre mein Interesse, hier Glauben als Hoffen und Vertrauen auch gegen den Augenschein den Schülern verständlich zu machen.

II. THEOLOGISCHE ORIENTIERUNG

Beim situativen Anlaß gebe ich den Ereignissen in der Klasse, bestimmten Eindrücken, Erlebnissen, Erfahrungen viel Raum. Damit gewinnt auch die andere Frage an Bedeutung, wie tragfähig diese Ereignisse für mögliche Lernwege und -ziele meiner Schüler sind. Mit der theologischen Orientierung gehe ich dieser Frage nach, setze damit bewußt ein Gegengewicht gegen das bloße Aufnehmen dessen, was bei den Schülern „da" ist. Die theologische Orientierung soll mir helfen, die unmittelbaren Eindrücke dem weiteren Rahmen zuzuordnen, der durch inhaltliche Zusammenhänge, theologische Strukturen und Beziehungen, auch mögliche Bezüge zum Lehrplan markiert ist.

Welche theologischen Beziehungen, aktuellen Fragestellungen, fachwissenschaftlichen Hintergründe kann ich in dem situativen Anlaß erkennen?

- Welche aktuellen Tendenzen und Überzeugungen und welche theologischen Aussagen berührte der situative Anlaß? Welche allgemeinen aktuellen Fragestellungen erkenne ich in den Interessen meiner Schüler? In welchem größeren thematischen Umfeld stehen sie?

Ich erkenne das Theodizee-Problem, die Frage nach der Herkunft des Bösen. Mir wird wieder einmal bewußt, wie unser Reden von Gott durchweg daran gemessen wird, wie wir es mit der Existenz des Bösen in unserer Welt in Beziehung setzen können. Beobachtungen aus Gesprächen mit Erwachsenen, die häufig um dieses Thema kreisen, finde ich auch bei meinen Schülern bestätigt.

- Welche theologischen Beziehungen erkenne ich? Welche systematischen Grundmuster klingen an (vgl. S. 91 f.)? Welche biblischen Bezüge entdecke ich?

Der theologische Rahmen ist sehr weit gespannt. Ich bedenke, daß zwischen der von Gott gegebenen Entscheidungsfreiheit des Menschen und der Möglichkeit, Böses zu tun, ein enger Zusammenhang besteht. Fallen wir mit der Frage, warum Gott das Böse zuläßt, nicht hinter diese Freiheit zurück? Kommt es nicht viel stärker darauf an, daß Gott uns trotz des Bösen, in dem wir gefangen sind, durch seine Zuwendung zu uns neue Möglichkeiten des Guten eröffnet?
Ich erkenne als wichtige theologische Perspektive: Es geht nicht um eine Beweisführung, ob es angesichts des Bösen in unserer Welt noch angebracht ist, an Gott zu glauben, sondern um die Erfahrung des Glaubens, der

auch angesichts des Bösen die von Gott gegebenen Möglichkeiten und Aufgaben sieht, Gutes zu wirken.

Viele situative Anlässe zeigen – im Unterschied zum vorgestellten Beispiel – auf den ersten Blick kaum Bezüge zu Glaubensfragen. Auch dann muß ich mir die Frage nach theologischen Beziehungen stellen, mir Rechenschaft geben, warum dieser situative Anlaß Thema meines RU ist. Dies geschieht unabhängig davon, wieweit ich solche Bezüge mit meinen Schülern dann auch explizit bearbeiten werde.

Vielfach, etwa in der Berufsschule, ist ein RU angemessen, der sehr eng an situativen Anlässen bleibt, damit stark lebenskundlichen Charakter trägt, bei dem großräumiges Planen und auch das Ausarbeiten theologischer Gedankengänge zurücktreten. Die theologische Orientierung wird hier vorrangig zur Frage nach meinem Selbstverständnis als Religionslehrer, nach der konzeptionellen Begründung meines RU. Je gründlicher ich mich selbst bei der Planung situativer Anlässe der theologischen Orientierung stelle, desto leichter wird es mir fallen, auch in lebenskundlichen Zusammenhängen glaubwürdig und authentisch christliche Positionen ins Gespräch zu bringen.

- Mit welchen Lernzielen und Inhalten erkenne ich Berührungspunkte? Mit bestimmten Intentionen, die ich schon an anderen Stellen meines Unterrichts verfolgt habe? Mit behandelten Themen? Mit Themen anderer Fächer?

Solche Fragen schließen nicht aus, daß mancher situative Anlaß ohne Zusammenhang mit Lehrplanthemen bleibt. Zeitliche Spielräume für solchen Unterricht sind in der Regel in den Lehrplänen vorgesehen. Wo Bezüge erkennbar sind, werden auch die Lehrplanthemen interessanter und lebensnaher, wird es leichter, in ihnen Situationen aus der Perspektive des Glaubens zu erschließen.

III. DIDAKTISCHE ORIENTIERUNG

Bestimmte Ereignisse in meiner Klasse haben mich veranlaßt, situativ zu planen. Weil vom angemessenen Erfassen des situativen Anlasses viel für meine Vorbereitungsarbeit abhängt, versuche ich ihn mir möglichst deutlich vor Augen zu führen.

Welche Beobachtungen, Einsichten, Schlußfolgerungen haben mich dazu gebracht, situativ zu planen?

• Sind im Unterricht Probleme aufgebrochen, an denen ich weiterarbeiten möchte? Weshalb und wie kamen die Probleme zur Sprache? Wie gewichtig erschienen sie mir im einzelnen?

Der Disput um Gott und Umwelt war sehr heftig und blieb nicht auf einzelne beschränkt. Ich erinnere mich, wie eigentlich unvermutet die „Fürsorgepflicht" Gottes für unsere Welt ins Spiel kam: „Entweder er tut etwas für diese Welt, oder wir können auf ihn verzichten!" Hinter dieser harten Alternative spüre ich eine starke Sehnsucht danach, sich auf Gott verlassen zu können. An dieser Sehnsucht möchte ich mit meinen Schülern weiterarbeiten.

• Halte ich bestimmte Ereignisse innerhalb der Klasse oder im alltäglichen Leben im Blick auf Glauben und Leben meiner Schüler für bedeutungsvoll? Bin ich über diese Ereignisse ausreichend informiert? Kenne ich die besonderen Aspekte, um die es meinen Schülern in erster Linie geht?

• Haben einzelne Schüler Wünsche an mich herangetragen? Wie steht die Klasse dazu? Kann ich in den von den Schülern artikulierten Wünschen andere, tiefer sitzende Bedürfnisse erkennen (vgl. S. 129)?

Schüler wünschen sich aufgrund eines aktuellen Berichts das Thema Drogen. Eigentlich geht es ihnen aber gar nicht so sehr um die Sachzusammenhänge dieses Themas, sondern daß sich ihr Religionslehrer auf ihre Fragen einläßt, sie wirklich ernst nimmt. Beim Thema Drogen, so denken sie sich, seien die Voraussetzungen dazu besonders günstig. Wenn der Religionslehrer auch diesen Wunsch nur inhaltlich versteht und objektiv erklärend vorgeht, wird die Unzufriedenheit der Schüler weiter wachsen.

• Waren es Störungen, die mich dazu veranlaßt haben? Welche Zusammenhänge erkenne ich zwischen den Störungen und meiner bisherigen Unterrichtsplanung? Woran mache ich meine Erwartungen fest, daß durch die Planung vom situativen Anlaß aus die Störursache entschärft wird?

Störungen können Ausdruck dafür sein, daß sich Schüler in dem, was ihnen wichtig ist, nicht ernstgenommen fühlen. Sie stören, indem sie unbewußt ihre Enttäuschung, ihre Aggressionen abreagieren. Sie sind noch nicht fähig, ihr Unbehagen zu artikulieren und es produktiv in den Unterricht einzubringen. Sie erwarten damit eigentlich vom Lehrer, daß er ihre Signale entschlüsseln kann und in seiner weiteren Planung darauf reagiert. Oft genug ist es freilich ein sehr mühsamer und mit vielen Fehlschlägen befrachteter Weg, Störsignale in Impulse für die Unterrichtsplanung umzusetzen. Bei den später folgenden Überlegungen zur Nacharbeit werden wir darauf zurückkommen.

In einer Religionsstunde stört Klaus plötzlich sehr massiv den Unterricht und steckt auch andere an. Nach der Stunde kommt es zu einem persönlichen Gespräch zwischen ihm und dem Lehrer und dabei stellt sich heraus: Im Unterrichtsgespräch zum Thema „Schöpfung" hat ein anderer Schüler die harten, brutalen Gesetze der Natur als Ausdruck der Gerechtigkeit Gottes interpretiert, ohne daß ihm von anderer Seite widersprochen worden wäre. In Klaus ist dabei eine große Wut über diesen Gott entstanden, er fühlte sich von Gott enttäuscht und verletzt. Diese Wut konnte er nicht verbalisieren, sondern nur als Aggression gegen den Unterricht und damit gegen den Lehrer artikulieren. Dem Lehrer ist dieses Gespräch Anlaß, diesen Gedanken in der folgenden Stunde noch einmal gezielt aufzugreifen.

Ich versuche nun mögliche Interessen meiner Schüler an dem, was ich vom situativen Anlaß her ins Auge gefaßt habe, genauer zu bestimmen.

Was könnte bei meinen Schülern mitschwingen, wenn ich sie mit der Situation konfrontiere?

Wie werden sie reagieren? Werden sie mehr auf der Inhalts- oder auf der Beziehungsebene ansprechen? Welche Assoziationen werden sie haben? Welche Bezüge werden sie herstellen? Welche Empfindungen werden wach?

Bei dem Disput zur Frage, wie Gott und Umweltzerstörung zusammenpassen, spürte ich, wie sehr die Kinder an ihren Vorstellungen vom guten Gott, von dessen Liebe und Fürsorge und von dessen Allmacht hängen. In ihrem Aufbegehren gegen Gott, der die Zerstörung unserer natürlichen Lebensgrundlagen zuläßt, spürte ich ihren Wunsch, an den Erfahrungen der heilen Welt und der Geborgenheit in ihr festhalten zu können. Ich rechne damit, daß sie diese Sehnsucht auch weiter in heftigen Äußerungen gegen Gott ausdrücken werden. Vielleicht richtet sich ihre aus der Enttäuschung entstandene Aggression auch gegen mich. Ich rechne aber auch mit der Offenheit meiner Schüler für Hinweise, Zeichen und Zuspruch, daß Leben auch unter gegenwärtigen und zukünftigen Lebensbedingungen gut und sinnvoll sein kann. Ich vermute weiter, daß sie in einer gewissen Labilität zwischen einem regressiven Negieren des Bedrohlichen, einem Festhalten der „heilen Welt" und einem Überschwemmtwerden von negativen Perspektiven, verbunden mit Furcht und Resignation, Anklagen und Zorn schwanken – je nach dem Gewicht momentaner Eindrücke. Schon in früheren Diskussionen fiel mir auf, wie sie sich in ihren Meinungen stark beeinflussen und leiten ließen.

Ich habe bisher von der Situation her Themen assoziiert und Ziele ins Auge gefaßt. Dieser Prozeß mündet ein in das Aufsuchen und Benennen von Lernmöglichkeiten.

Was können meine Schüler an dem aus situativem Anlaß gewählten Thema lernen?

- Welche im situativen Anlaß aufgefundenen Vorstellungen/Einstellungen/Verhaltensweisen will ich klären, in neue Dimensionen hineinführen, von Widersprüchen befreien (vgl. S. 58f.)?

  In unserem Beispiel, der Frage nach Gott und dem Bösen, will ich an dem Widerspruch arbeiten, wie sich die Allmacht des gütigen Gottes zu den sichtbaren Zerstörungen in unserer Welt verhält. Ich will versuchen, beidem genug Raum zu geben, den Erwartungen an Gott und der verunsichernden Realität. Ich möchte die Position des Glaubens im Zeichen der Hoffnung und Ermutigung sichtbar machen, mit denen Menschen diesen Widerspruch annehmen und sich zugleich von seinem Druck lösen können.

Um der besonderen Spannung zwischen Situation und Text/Thema gerecht zu werden, frage ich bei der Suche nach Lernmöglichkeiten zusätzlich:

- Werden die erwogenen Lernmöglichkeiten dem situativen Anlaß gerecht?

Manchmal wird der Entschluß zur Unterrichtsplanung von situativen Anlässen aus mit Versprechen an die Schüler begleitet, ihre Interessen aufzunehmen. Schüler sind dann oft sehr sensibel dafür, ob der Lehrer die besondere Situation nur als Anlaß benutzt, von dem aus er seine von ihm bestimmten Absichten weiterverfolgt, oder ob er die Situation wirklich auf die in ihr liegenden Lernmöglichkeiten auslotet.

Schüler wünschen sich beispielsweise ein Gespräch zum Thema „Leben nach dem Tod". Nimmt der Lehrer von ihm vorbereitete bzw. von Schülern eingebrachte aktuelle Berichte nur als Anlaß, um die biblisch-christlichen Lehrmeinungen zu entfalten, oder ist er bereit, gemeinsam mit den Schülern den durch solche aktuellen Berichte aufgeworfenen Fragen nachzugehen, gemeinsam eigene Erwartungen und Hoffnungen zu artikulieren und in diesen dann die Nähe und Distanz zu christlicher Überzeugung aufzusuchen?

- Werden die erwogenen Lernmöglichkeiten dem Lernpotential meiner Schüler gerecht?

Weil situative Anlässe oft sehr unmittelbar von unterrichtlichen Ereignissen bestimmt sind, muß ich genau bedenken, welche Chancen meine Schüler haben, in ihrer Begegnung mit dem Thema nicht nur auf der Stelle zu treten, sondern in ihrem Klärungsprozeß weiterzukommen.

Schüler führen ein lebendiges Gespräch zum Thema „Leben nach dem Tod", indem sie die verschiedensten Meinungen nebeneinanderstellen. Dann fragt jemand: Was sollen wir nun mit all diesen Aussagen anfangen? An dieser Stelle müßte nun klärend und orientierend unter Anleitung des Lehrers weitergearbeitet werden.

IV. DIDAKTISCHE ENTSCHEIDUNGEN

Ich entscheide mich für bestimmte Lernziele, Inhalte, Aktions- und Sozialformen, Medien.

Im situativen Anlaß haben mich Schüler durch unerwartete und überraschende Reaktionen zur Änderung meiner ursprünglichen Absichten bewogen. Solche Änderungen bieten oft günstige Gelegenheiten, die Schüler am Planungsweg von der Situation zum Unterricht zu beteiligen (vgl. S. 136f.). Wenn Schüler in emotional stark aufgeladenen Situationen besondere Funktionen übernehmen, muß ich mögliche Risiken und Konflikte bedenken.

Im Disput zu Gott und Umwelt entsteht beispielsweise die Anregung, mit den besonders engagierten Gesprächsteilnehmern eine Podiumsdiskussion innerhalb der Klasse durchzuführen. Ich vereinbare mit diesen Schülern einen Termin, an dem wir Grundzüge dieser Diskussion, leitende Thesen usw. beraten und absprechen. Ich achte darauf, daß die Klasse sich dadurch nicht vernachlässigt fühlt und bedenke Möglichkeiten, sie angemessen zu beteiligen.

- *Im Entscheidungsprozeß frage ich im Blick auf Lernziele: Unter welchem Gesamtziel möchte ich die Bearbeitung des situativen Anlasses planen?*

Beim situativen Anlaß stehen mir Anknüpfungspunkte in der Erfahrungswelt meiner Schüler meist näher als Ziele, die ich erreichen kann und will. Damit meine Zielvorstellungen nicht diffus bleiben, versuche ich sie so gut wie möglich zu formulieren.

Mit welchen Teilzielen bleibe ich nahe am situativen Anlaß, mit welchen entferne ich mich von ihm und bewege mich mehr in von mir geplante weitere Zusammenhänge hinein?

Im Beispiel zu Gott und Umwelt setze ich mir folgendes Ziel: Meine Schüler sollen besser unterscheiden können zwischen der Last des Faktischen und der Ermutigung des Glaubens, die andere Perspektiven eröffnet. Die Last des Faktischen zu entfalten, wird nicht schwer sein, das lag beim situativen Anlaß schon auf der Hand. Mit der anderen Perspektive des Glaubens bewege ich mich von ihm weg, aber auf das für meine Sicht Entscheidende zu. Hier werde ich mit eindrücklichen Inhalten arbeiten müssen.

- *Ich frage im Blick auf Inhalte und Medien: Welche tragfähigen Inhalte und Medien bieten sich an?*

Aus situativem Anlaß gewählte Inhalte und Medien sind oft aktuell, dem alltäglichen Medienangebot entnommen. Darin liegen ihre besonderen Chancen. Gleichzeitig muß ich fragen, ob solche Inhalte für den unterrichtlichen Vollzug einfach genug sind, damit meine Schüler am Thema bleiben können; ob sie die Schüler herausfordern, ihnen Zugriff anbieten.

Im genannten Beispiel stoße ich beim Suchen nach einem Text, der die Perspektive des Glaubens sichtbar macht, auf ein modernes Glaubensbekenntnis, das gegen die Feststellung der Zerstörung das Bekenntnis zu Gott dem Schöpfer formuliert. Es soll die Klammer bilden zwischen der Thematisierung der Zweifel an Gottes Wirken und dem Versuch, die Aussagen des 1. Glaubensartikels neu einzuholen.

Bestehen Beziehungen zu anderen Unterrichtsfächern, die ich berücksichtigen muß bzw. nützen kann?

Im Sozialkundeunterricht lesen Schüler zum Drogenproblem Ausschnitte aus dem Buch der „Christiane F.". Meine Schüler bringen das Thema in den RU ein. Ich nehme aus demselben Buch Ausschnitte mit Äußerungen zum Engagement der Kirchen, zu Erfahrungen aus der kirchlichen Jugendarbeit auf.

- *Ich frage im Hinblick auf Aktions- und Sozialformen: Welche brauche ich, damit meine Schüler an ihrem Thema bleiben können?*

Gegen Ende der Stunde hat sich ein spannendes Gespräch ergeben. Meine Schüler bekunden, daß sie auch in der nächsten Stunde unbedingt „dranbleiben" wollen. Weil dieses Gespräch auch nach meiner Ansicht weitergeführt werden sollte, nehme ich die Anregung auf. Doch in der nächsten Stunde ist nach kurzer Zeit das Interesse erlahmt. Meine Schüler haben genug vom Diskutieren. Wie geht es weiter?

Beim Beispiel Gott und Umwelt möchte ich in einem Gespräch Gelegenheit geben, die Positionen und Meinungen nochmals zu äußern. Mit einer kleinen Rahmenerzählung könnte ich eine analoge Situation skizzieren: Im Zusammenhang mit einer Aktion soll ein Gottesdienst stattfinden. Eine Gruppe hat die Aufgabe, unter der gegebenen Thematik das Glaubensbekenntnis neu zu formulieren. Bei der Besprechung des als Text vorgegebenen Formulierungsvorschlags können sich die Schüler mit den in ihm enthaltenen Anstößen auseinandersetzen. In Gruppenarbeit könnten sich einige Formulierungsversuche, evtl. auch Neuformulierungen von bestimmten Schöpfungspsalmen anschließen.

V. VERLAUFSPLANUNG

Ich skizziere den Unterrichtsverlauf in der mir gewohnten Form und achte in besonderer Weise auf die „Wendestellen" zwischen Schüleraktivitäten und eigenen Akzentsetzungen.

C3 Nacharbeit

Beim Planen vom situativen Anlaß aus war die Nacharbeit der vorangegangenen Stunde der Ausgangspunkt für die Vorbereitung der kommenden. Auch wenn keine besonderen Änderungen meiner Planung notwendig werden, ist die Nacharbeit des gehaltenen Unterrichts sinnvoll und wichtig. Indem ich unter dem Eindruck des vollzogenen Unterrichts auf meine Planung zurückblicke und sie beurteile, übe ich mich darin, meine Lehrerrolle zu reflektieren und die Situation bei folgenden Vorbereitungen noch treffender einzuschätzen.

- Hatte ich nur wenig Zeit zur Vorbereitung, und waren die einzelnen Vorbereitungsschritte in spontanen Entschlüssen dicht zusammengedrängt, so kann die Nacharbeit dazu beitragen, daß ich mir den Stellenwert der fünf Schritte in meinen kaum geplanten Entscheidungen bewußt mache und so auch im spontanen Unterrichten sicherer werde.

- Habe ich ausführlich geplant und die Vorbereitungsschritte ausreichend bedacht, kann ich mir in der Nacharbeit einen differenzierten Eindruck von der Wirksamkeit und Stimmigkeit meiner Planungsschritte verschaffen. Gelungene wie auch kritische Phasen meiner Vorbereitungsarbeit bleiben mir dadurch vor Augen.

- Verlief der Unterricht für mich unbefriedigend, sollte ich in der Nacharbeit meine Grenzen aufspüren, um sie nach und nach weiter hinauszuschieben. Ich sollte gezielt bedenken, welcher der Vorbereitungsschritte mir zur unüberwindlichen Hürde geworden ist und warum und wie ich gezielt an dieser Stelle weiterarbeiten kann.

- Gelang mir der Unterricht überraschend gut, kann mir die Nacharbeit helfen, die Ursachen meines Gelingens genauer zu bestimmen, um dadurch den besonderen Erfolg dieser Stunde übertragbar zu machen. Ich kann mir durch solche Analyse wichtige Einsichten und Erfahrungen aneignen, die mir die Vorbereitungsarbeit insgesamt erleichtern.

- Habe ich den Unterricht gemeinsam mit meinen Schülern geplant, dann sollte unbedingt in gemeinsamer Nacharbeit bedacht werden, wie sich unsere Erwartungen erfüllt haben.

Die bekannten fünf Schritte der Vorbereitung sind geeignet, die Nacharbeit des vollzogenen Unterrichts zu strukturieren.

I. PERSÖNLICHE BEGEGNUNG

Sie geschah ausführlich oder kurz vor der Stunde, beim Blick in den Lehrplan, das Schulbuch, bzw. erst in der Stunde selbst, als ich unter dem Druck, jetzt mit den Schülern etwas beginnen zu müssen, mich von mehr oder weniger bewußten persönlichen Interessen leiten ließ.

> *In welcher Weise haben meine persönlichen Einstellungen, Überzeugungen, Grundhaltungen zum Unterrichtsthema meinen Unterricht bestimmt?*

- Welche Rolle haben meine eigenen Erfahrungen im Unterricht gespielt? Habe ich meinen Schülern etwas von mir und meinen Erfahrungen angeboten? Habe ich auf Vertrautes zurückgegriffen, auf Zusammenhänge, denen ich schon früher begegnet bin und von denen ich authentisch reden konnte?

Beim Erzählen von David auf dem Weg zu Saul habe ich von Davids Sorge erzählt, ob sein Harfenspiel dem König gefallen werde. Durch diese Sorge hindurch gewann Gottes Auftrag und Zusage an David Farbe und Konkretion. Ich habe eigene Erfahrungen mit dem Musizieren eingebracht, das freie Erzählen fiel mir so leichter. Die Schüler gingen bei meinem Erzählen alle mit. Ich frage mich freilich, ob Schüler, die kein Instrument spielen, meine Erzählung angemessen mitvollziehen konnten.

- Hat mich die Klassensituation eher bestärkt oder verunsichert, das einzubringen, was mir bedeutsam war? Konnte ich zur Begegnung mit Erfahrungen führen? Konnte ich gemeinsam mit den Schülern Neues erschließen? Habe ich mich aufgrund von empfundenen Widerständen mit meinem eigenen Engagement zurückgezogen?

Indem eine von mir vertretene Absicht auf Interessen der Schüler trifft, entsteht oft eine zirkelhafte Bewegung, die sich zum Positiven wie auch zum Negativen hin bewegen kann. Im einen Fall regen sich Lehrer und Schüler wechselseitig an, spielen sich gegenseitig wichtige Erfahrungen zu. Engagiertes Unterrichten und aktive Beteiligung der Schüler gehen Hand in Hand. Solche Situationen sind nicht machbar. Aber indem ich sie hinterher noch einmal bedenke, erkenne ich vielleicht gelungene Akzente, die sich festzuhalten lohnen.

Im anderen Fall stößt mein Angebot aus irgendwelchen Gründen bei den Schülern auf geringes Interesse. Ich werde unsicher, zögere, verliere den Schwung. Diese Unsicherheit verstärkt bei den Schülern den Eindruck, daß dieses Thema für sie uninteressant sei. Drücken sie ihre distanzierte Haltung auch noch in Störungen aus, dann fällt es mir noch schwerer, den inhaltlichen Faden zu verfolgen. Ich habe noch weniger Möglichkeiten, den Unterricht zu beleben.

So wie der positive Zirkel nicht planbar ist, kann der negative nicht durch Planung ausgeschlossen werden. Die Unlust der Schüler kann verschiedenste Ursachen haben. In der Nacharbeit aber kann ich schwierige Situationen aufdecken, an denen es sich lohnt, weiterzuarbeiten.

II. THEOLOGISCHE ORIENTIERUNG

Ich habe mich vorher im betreffenden Sachzusammenhang ausreichend orientiert, mich vielleicht nur auf einen Stichwortzusammenhang oder einen bereitliegenden Text verlassen oder erst während der Stunde nötige Informationen und Sachbezüge aus meinem Gedächtnis mobilisiert.

Welche theologischen/fachbezogenen Erfahrungen und Zusammenhänge wurden für meinen Unterricht bestimmend?

- Konnte ich mit theologischen/fachbezogenen Aspekten im Unterrichtsverlauf sicher umgehen, sie einfach, übersichtlich und erfahrungsnah entfalten?
- Auf welche Unsicherheiten und Lücken in meinem theologischen Orientierungsvermögen bin ich gestoßen?

Bei der neutestamentlichen Wundergeschichte von der Speisung der Fünftausend habe ich mir vorgenommen, die Wunderproblematik von der urchristlichen Situation her aufzurollen und zu erklären. Beim Gespräch fragt ein Schüler: „Haben die nicht darum gestritten, wer zuerst sein Brot bekommt? Es hat ja niemand gewußt, wie lange der Vorrat reicht.“ Aus diesem Beitrag ergibt sich ein unmittelbarerer Zugang zur Wunderthematik. Verschiedene Sätze der Wundererzählung gewinnen neue Bedeutung. Diesen Auslegungsakzent habe ich gerne im Unterricht aufgenommen und möchte ihn auch weiter bedenken.

III. DIDAKTISCHE ORIENTIERUNG

Ich frage bei meiner Nacharbeit in der Regel zuerst, was ich erlebt habe, wie es mir erging, was ich zustande gebracht habe. Ich möchte aber auch meine Schüler so gut wie möglich kennen- und verstehen lernen. Die Frage der didaktischen Orientierung „Was weiß ich über meine Schüler?“ (vgl. S. 54ff.) kehrt darum aus gutem Grund auch in der Nacharbeit wieder.

Was ist mir an meinen Schülern aufgefallen?

- Waren sie beteiligt, gelangweilt, unruhig? Welche Gründe kann ich erkennen?
- An welche verbalen und nonverbalen Signale kann ich mich erinnern? Habe ich sie angemessen aufgegriffen?
- Haben mich bestimmte Beobachtungen überrascht, mir sogar Rätsel aufgegeben? Welche ersten Erklärungen bieten sich an?
- Haben sich in bestimmten Beobachtungen bisherige Erklärungsversuche zum Verhalten einzelner Schüler bzw. der Klasse bestätigt?

Meine didaktische Orientierung geschah entweder im sorgfältigen Bedenken der Lernmöglichkeiten meiner Schüler oder als didaktische Orientierung „vor Ort“, indem ich versuchte, aus unmittelbaren Wahrnehmungen zur Schülersituation angemessene didaktische Entschlüsse zu fassen.

An welchen Stellen meines Unterrichts kamen meine Schüler mit ihren Interessen und Bedürfnissen zum Zug? Was konnten meine Schüler in der Begegnung mit dem Text/Thema lernen?

- Habe ich mich in meinen Erwartungen an die Schüler getäuscht, oder bin ich bestätigt worden? Wie haben sich die Schüler auf mein Angebot eingelassen? An welchen Stellen haben mich die Schüler durch ihr Verhalten in Schwierigkeiten gebracht? An welchen Stellen haben sie mich beflügelt?
- Welche Lernmöglichkeiten haben sich im Verlauf des Unterrichts als günstig erwiesen, mit welchen bin ich auf Schwierigkeiten gestoßen? Welche Lernmöglichkeiten kamen mir erst während des Unterrichts in den Blick? Welche besonders ertragreichen Lernmöglichkeiten kann ich im Nachhinein erschließen? Welche Bedingungen müssen erfüllt sein, damit solche Lernmöglichkeiten in einer ähnlichen Unterrichtssituation zur Wirkung kommen können?

Bei der Schilfmeer-Geschichte (2. Mose 14) wollte ich im Vergleich der beiden Fassungen J/P die spätere Steigerung ins Wunderhafte herausarbeiten. Die Schüler sollten dabei erkennen, daß diese Steigerung eine Funktion hatte, nämlich Israels Vertrauen auf Gott als Retter zu stärken. Im Unterrichtsverlauf erwies sich das Erfassen der zweifachen historischen Ebene für meine Schüler als zu schwierig. Statt dessen erfand ich eine Rahmenerzählung, in der sich Israeliten beim Aufbruch zum Zug durch die Wüste mit Erinnerungen an das Schilfmeer-Erlebnis einander im Vertrauen stärken, daß Gott sie auch aus den zu erwartenden Gefahren in der Wüste retten wird. Die vorgesehene Lernmöglichkeit wurde durch den Wegfall des literarischen Vergleichs zwar verkürzt, aber zugleich einfacher und verständlicher.

Mein in der Planung vollzogener Vorgriff auf die Situation der Schüler bleibt immer vorläufig: In jeder Unterrichtsstunde muß ich mich neu und unmittelbar an meinen Schülern orientieren, an ihrer „Tagesform", ihren aktuellen Bedürfnissen und Grenzen. Die unmittelbaren Wahrnehmungen sind am echtesten. Je besser ich sie aufnehmen kann, desto näher bin ich bei meinen Schülern, desto ertragreicher können die Lernmöglichkeiten sein, die ich entdecke. Zugleich bleibt der planerische Vorgriff notwendig, weil der Unterrichtsvollzug zu komplex ist, als daß er nur aus der Situation heraus bewältigt werden könnte.

In meiner Nacharbeit ist mir diese Spannung zwischen Vorläufigkeit und Notwendigkeit meiner Planung bewußt. Ziel meiner eigenen didaktischen Weiterbildung ist es nicht, die Planung so zu verbessern, daß ich die Situation vernachlässigen kann, oder umgekehrt, meine Sicherheit und mein Übersichtsvermögen in der Unterrichtssituation so zu stärken, daß Planung überflüssig wird, sondern aus dem Zusammenwirken von beidem möglichst viele Impulse aufzunehmen. Meine didaktische Orientierung sollte als steter Lernprozeß offen bleiben für Versuch und Irrtum, für das Suchen und Erproben neuer Möglichkeiten.

IV. DIDAKTISCHE ENTSCHEIDUNGEN

Ich habe mir meine didaktischen Entscheidungen in Ruhe zurechtgelegt oder sie vor bzw. in der Stunde unter dem Druck, etwas unternehmen zu müssen, gefällt.

> *Welche didaktischen Entscheidungen habe ich für meinen Unterricht getroffen?*

- Wie schätze ich das Verhältnis zwischen geplanten und spontanen Entscheidungen in meinem Unterricht ein?
- Welche Entscheidungen habe ich aus eigenem Entschluß getroffen, zu welchen fühlte ich mich gedrängt?
- Welche Alternativen erkenne ich nachträglich? Wie würde ich jetzt entscheiden?

Auch die didaktischen Entscheidungen können nur begrenzt in der Planungsphase gefällt werden. Mit veränderter Unterrichtssituation muß ich Entscheidungen überdenken und gegebenenfalls revidieren können. Zu den unterrichtlichen Fähigkeiten gehört auch, in einer Situation spontan entscheiden zu können.

> Immer wieder werde ich erleben, daß ich ungünstige Entscheidungen treffe, die ich mit meiner Klasse durchstehen muß. Andererseits hängt die Klarheit meines Unterrichts, die Einladung zur Mitarbeit und Selbsttätigkeit meiner Schüler auch davon ab, daß ich rechtzeitig die für den Unterrichtsverlauf grundlegenden Entscheidungen getroffen habe, an denen ich und meine Schüler sich orientieren können. Fehlen sie, so bleibt viel dem momentanen Spiel der Kräfte überlassen. Angewandte Methoden ergeben sich eher zufällig. Aufgabenstellungen und Impulse bleiben unklar, eingebrachte Medien unscharf.

Wichtig ist, daß ich unterscheiden lerne zwischen Grundentscheidungen, die meinen Unterrichtsweg bestimmen sollen, von denen her ich die Vorbereitungen für den Unterricht treffe, und Folgeentscheidungen, bei denen ich manche offene Alternative in meinen Unterricht mit hineinnehmen kann. Ich muß meine Fähigkeit zu spontanen Entscheidungen angemessen einzuschätzen lernen, damit ich die für mich richtige Bereitschaft zu solchen Entscheidungen finden kann.

Ich bedenke meine didaktischen Entscheidungen, die ich im Bereich der Ziele, Inhalte, Aktions- und Sozialformen, Medien getroffen habe.

Ich frage im Blick auf Lernziele:

- Hatte ich bei meinem Unterrichten konkrete Zielvorstellungen?
- War der Zusammenhang von Gesamt- und Teilzielen stimmig?
- Bin ich den Lehrplanvorgaben gerecht geworden?
- Waren spontane Änderungen meiner Lernziele sinnvoll?

... im Blick auf Inhalte:

- Habe ich in meinem Unterricht ausreichend Vorgaben eingebracht, an und mit denen meine Schüler arbeiten konnten?
- Habe ich meinen Unterricht mit Inhalten überfrachtet?
- Waren die Inhalte dem Leistungsstand meiner Schüler angemessen?
- Haben die Inhalte den Lehrplanvorgaben entsprochen, haben sie zueinander und zu den Lernzielen gepaßt?

... im Blick auf Aktions-, Sozialformen und Medien:

- Waren meine methodischen Alternativen ausreichend, um flexibel in den verschiedenen Situationen reagieren zu können?
- Kam ich bei meinen methodischen Entscheidungen mit der zur Verfügung stehenden Zeit zurecht?
- Überblickte ich die Folgen, die sich aus den Entscheidungen für bestimmte Methoden ergaben?
- Wirkten sich die aus Unterrichtshilfen übernommenen Vorschläge, Materialien, Medien für den Unterrichtsverlauf günstig aus?
- Haben die verwendeten Medien die Arbeit mit den Inhalten und den Lernzielen gefördert?

V. VERLAUFSPLANUNG

Ergebnisse der Reflexion des durchgeführten Unterrichts vergleiche ich mit meiner Verlaufsplanung. Ich notiere Anmerkungen so ausführlich, daß ich später auf sie zurückgreifen kann.

4. Teil Hinweise für Lehrproben

Unterrichtsvorbereitung unter Prüfungsbedingungen

Die Prüfungsstunde - eine Ausnahmesituation

Das Unbehagen an Prüfungslehrproben wurzelt hauptsächlich darin, daß aus dem kleinen Ausschnitt einer Unterrichtseinheit mit all ihren Unwägbarkeiten und Zufälligkeiten weitreichende und gewichtige Folgerungen und Urteile gezogen werden. Die Examenssituation tritt damit hinter den für die Übungsphase so bedeutsam gewordenen kontinuierlichen Unterricht zurück. Sie nimmt wieder Züge der Lernsituation an. Ich muß

- mich auf eine einzelne Stunde oder Unterrichtseinheit konzentrieren,
- sie ausführlich erarbeiten und schriftlich darstellen,
- die eigene didaktische Arbeit für andere transparent machen.

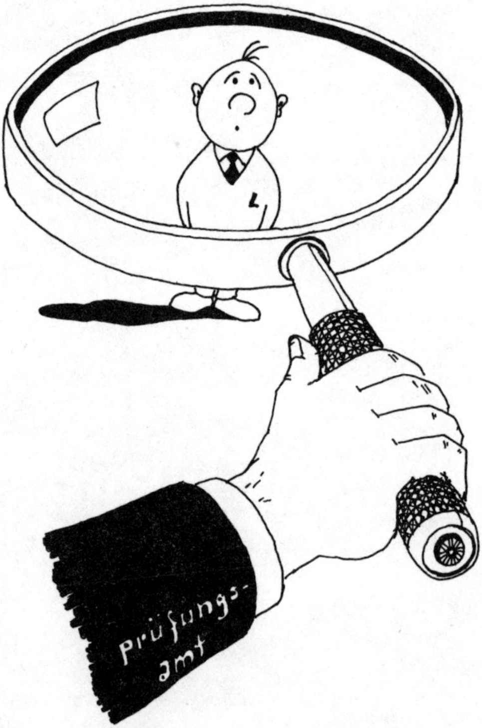

... aus dem kleinen Ausschnitt einer Unterrichtsstunde werden weitreichende Folgerungen abgeleitet ...

Damit kommen die im zweiten Teil des Buches für die Unterrichtsplanung in der Lernphase entwickelten Überlegungen wieder stärker zum Zug. Die unterschiedlichen Prüfungssituationen gilt es dabei zu berücksichtigen.

- Die folgenden Ausführungen orientieren sich an einem Prüfungsverfahren, bei dem vor der zu haltenden Prüfungsstunde ein ausgearbeiteter Entwurf einzureichen ist.
- Sie werden relativiert bei Verfahren, in denen der Entwurf zur Prüfungsstunde mitzubringen ist, d. h. von den Prüfern nur kurz zur Kenntnis genommen wird. In diesen Fällen kommt vor allem der Verlaufsplanung großes Gewicht zu.
- Sie bekommen besondere Bedeutung bei Verfahren, in denen sich die Prüfung auf den eingereichten Entwurf beschränkt. Hier kommt alles auf eine gut begründete schriftliche Darstellung an.
- Wenn der Unterricht für eine (noch) unbekannte Klasse zu planen ist, ergeben sich Schwierigkeiten, auf die wir bei den Überlegungen zur didaktischen Orientierung näher eingehen werden.
- Manche Prüfungsordnungen sehen die Erarbeitung einer mehrstündigen Unterrichtseinheit vor, aus der dann eine Stunde für die Prüfung ausgewählt wird. In diesem Fall sind die Bestimmungen (Umfang der Einheit; Gesichtspunkte für die Wahl der Prüfungsstunde; Bezug der Stunde zur ganzen Einheit in der schriftlichen Darstellung und Begründung) genau zu beachten.

Der schriftliche Entwurf der Lehrprobe als Gespräch mit dem Korrektor

Zunächst ringe ich allein mit der mir gestellten Aufgabe, taste mich durch die verschiedenen Ebenen der Vorbereitungsarbeit, prüfe Haupt- und Nebenwege, lande in Sackgassen, entwickle spontane Ideen. Dies ist die *erste Arbeitsphase,* in der ich für mich allein den Planungsweg von meinen ersten Assoziationen bis zu den konkreten didaktischen Entscheidungen und der Abfassung der Verlaufsplanung gehe. In dieser ersten Arbeitsphase greife ich auf die im zweiten Teil entwickelten ausführlichen Überlegungen zur Planung einer Unterrichtseinheit zurück.

In einer *zweiten Arbeitsphase* versuche ich nun meinen Planungsweg für die Prüfer transparent zu machen. Ich führe mit ihnen gewissermaßen ein Gespräch, in dem ich meine Positionen darstelle, vermutete Einwände mitbedenke, Entscheidungen begründe. In den folgenden Anregungen werden bei den einzelnen Vorbereitungsschritten jeweils beide Arbeitsphasen berücksichtigt.

I. PERSÖNLICHE BEGEGNUNG

Gerade bei einer Lehrprobe gerate ich leicht unter den Druck verschiedener Erwartungen. Angebliche Wünsche der Prüfer kommen mir zu Ohren, gute Ratschläge begleiten mich. Im Geflecht solcher Erwartungen lasse ich mich in der ersten Arbeitsphase mit Hilfe der bekannten Fragen auf die persönliche Begegnung ein.

> *Was bedeutet das im Text überlieferte Geschehen/das Thema für mich?*

Für die *schriftliche Darstellung* meiner persönlichen Begegnung gibt es vielfältige Möglichkeiten, die nicht durch bestimmte Merkmale oder Kriterien eingeschränkt werden sollen. Überhaupt steht dieser erste Vorbereitungsschritt mit gutem Grund meist außerhalb des Kanons der verbindlich nachzuweisenden Planungsschritte.

Ich schreibe nur auf, was ich dem Leser meines Entwurfs über mich selbst mitteilen möchte. Bei der Auswahl und schriftlichen Fixierung meiner Assoziationen und Eindrücke frage ich:

- Mit welchen kann er von mir selbst und meinem theologischen Profil einen ersten Eindruck bekommen?
- Wie kann er am besten nachempfinden, welche Aspekte des Textes/Themas mich in besonderer Weise herausgefordert haben?
- Kann ich ihn mit persönlichen Eindrücken über das „Kräftefeld" orientieren, in dem sich die weitere Entwicklung zur Unterrichtsstunde hauptsächlich bewegt?
- Kann ich ihm durch Hinweise zu meiner Ausgangssituation den Gesamtbogen meines Vorbereitungswegs verständlicher machen?

II. THEOLOGISCHE ORIENTIERUNG

Bei kirchlichen Prüfungen wird vermutlich auf die sorgfältige Entfaltung des theologischen Zusammenhangs besonderer Wert gelegt. Mit den bekannten Fragen versuche ich, mir einen theologisch sicheren Stand zu verschaffen.

Bei Texten:
Wer spricht zu wem in welcher Absicht? Sind Aspekte der Wirkungsgeschichte des Textes zu berücksichtigen?

Bei Themen:
Welche aktuelle fachwissenschaftliche und theologische Bedeutung hat das Thema?

Für die *schriftliche Ausarbeitung* bedenke ich, was ich in welcher Form darstellen muß, damit der Leser meine theologische Orientierung nachvollziehen kann.

● Wie mache ich deutlich, daß ich meinem Text/Thema entscheidende theologische Einsichten, Leitvorstellungen, Grundmuster zuordnen kann?

Hier geht es zunächst um den Nachweis, elementare, tragende theologische Bezüge erkannt zu haben und in wenigen Sätzen verständlich und übersichtlich präsentieren zu können.
Gerade nicht die umfassend-ausführliche Analyse, sondern der Blick für das Relevante und Wesentliche ist gefragt; nicht der Nachweis theologischer Kenntnisse, sondern die Fähigkeit, solche Kenntnisse für didaktische Aufgaben fruchtbar machen zu können.

● Wie zeige ich, daß ich theologische Entscheidungen überlegt getroffen bzw. spätere didaktische Entscheidungen auch theologisch vorbereitet habe?

Meine Unterrichtsarbeit ist von Entscheidungen begleitet. Manches Interessante und Lohnende muß auf der Strecke bleiben. Manches theologisch Wichtige muß aus didaktischen Gründen zurücktreten. Vielleicht fallen Aspekte weg, die meinem Gegenüber bedeutsam erscheinen. Dann ist es gut, zeigen zu können, daß ich diese Aspekte nicht übersehen oder vergessen, sondern ich mich bewußt und überlegt von ihnen getrennt habe. Knappe Begründungen, welche die eigene Entscheidung markieren, sind dabei hilfreicher als das Referieren polarer Lehrmeinungen.

● Wie mache ich sichtbar, daß ganz bestimmte theologische Aussagen und Akzente den Unterrichtsentwurf tragen?

Damit ist eine Markierungsfunktion gemeint. Mein Gegenüber soll wissen, in welchem gesicherten theologischen Feld ich weitergearbeitet habe. Er soll mitvollziehen können, wie ich von meiner persönlichen Begegnung jetzt zu tragfähigen theologischen „Bausteinen“ gekommen bin.

III. DIDAKTISCHE ORIENTIERUNG

Ein wichtiges Kriterium für Prüfer ist, ob ich auf Schüler eingehen, ihre Voraussetzungen berücksichtigen, ihre Interessen aufnehmen kann. Diese Fähigkeit ist aber in einer ausgegrenzten Prüfungsstunde nur sehr beschränkt wahrnehmbar. Deshalb kommt viel darauf an, daß meine didaktischen Überlegungen durch Beobachtungen an meinen Schülern gesichert sind.

Ich nehme mir zunächst im ersten Arbeitsgang ausführlich Zeit für den folgenden Fragenkreis:

Was weiß ich über meine Schüler?

Für die *schriftliche Darstellung* bedenke ich, welche meiner Einblicke in die Schülersituation für das Verständnis der weiteren didaktischen Überlegungen bedeutsam sind, und wie ich sie übersichtlich und anschaulich darstellen kann. Ich beschreibe sie hinsichtlich des sozialen Umfelds (Stadt / Land), der Schichtzugehörigkeit, der Leistungsfähigkeit (z. B. Sprachfähigkeit) der Schüler und der Größe der Klasse.

> Ein besonderes Problem ergibt sich, wenn der Unterrichtsentwurf für eine fiktive Klasse auszuarbeiten ist. Ich versuche mir auch in diesem Fall eine möglichst konkrete Klassensituation vorzustellen und für den Korrektor transparent zu machen. Er soll wissen, von welchen Voraussetzungen ich bei meiner didaktischen Arbeit ausgegangen bin.
> Wenn die Prüfungsstunde in einer jetzt noch unbekannten Klasse zu halten sein wird, verfahre ich genauso. Unterschiede zwischen der jetzt vorgestellten und der späteren Prüfungsklasse werde ich zur gegebenen Zeit berücksichtigen.

Ich suche nun nach Beziehungen zwischen der Situation meiner Schüler und dem Thema der Unterrichtseinheit.

Was könnte bei meinen Schülern mitschwingen, wenn sie dem Text/Thema begegnen?

Bei der *schriftlichen Darstellung* skizziere ich möglichst prägnant die von mir erkannten Lernbedingungen meiner Schüler, von denen die nachfolgend beschriebenen Lernmöglichkeiten mitbestimmt sind. Anhand dieser Bedingungen und der Ergebnisse der theologischen

Orientierung soll der Leser später die geplante Begegnung von Lebenswirklichkeit der Schüler und gelebtem Glauben überblicken können.

Eine Prüfungsstunde hat in der Gestalt des schriftlichen Entwurfs wie im praktischen Vollzug viel Unnatürliches an sich: In knapper Zeit soll bei meinen Schülern ein „Lernfortschritt" vorstellbar bzw. wahrnehmbar sein. Das verleitet dazu, in die Prüfungsstunde möglichst viel hineinzupacken. Dieser quantitativen Tendenz sollte ich besser eine qualitative entgegenstellen: Das Abwägen von Alternativen, um diejenige zu finden, welche die besten Lernchancen bietet.

Ich suche gezielt nach alternativen Lernmöglichkeiten und frage:

Was können Schüler in der Begegnung mit dem im Text überlieferten Geschehen/Thema lernen?

Bei der zweiten Arbeitsphase, der *schriftlichen Darstellung,* habe ich meine didaktischen Entscheidungen bereits getroffen. Ich stelle dennoch auch alternative Lernmöglichkeiten dar, damit der Leser meinen Entscheidungsprozeß mitvollziehen kann. Die folgenden Kriterien sollen die Auswahl der schriftlich dargestellten Alternativen erleichtern.

- Damit der Leser alle Vorgaben kennt, die meine didaktische Entscheidung begrenzen, stelle ich gegebenfalls die meiner Einheit vorangegangenen und nachfolgenden Lernziele und Inhalte dar.
- Damit der Leser erkennt, daß ich wichtige Ergebnisse der vorangegangenen Vorbereitungsschritte nicht aus dem Blick verloren habe, nehme ich Alternativen auf, die von solchen Ergebnissen bestimmt sind.
- Damit der Leser die Weite meines didaktischen Spektrums kennenlernt, das sowohl von der Spannbreite zwischen kirchlichen Handlungsvollzügen und gesellschaftlichen Lebensbedingungen als auch von meiner didaktischen Kreativität bestimmt ist, nehme ich Alternativen auf, die dieses Spektrum angemessen markieren.
- Damit dem Leser mein Weg zur Entscheidung für (eine) bestimmte Lernmöglichkeit(en) anschaulich wird, nehme ich Alternativen auf, mit denen ich argumentativ gut umgehen und die mich leitenden Gesichtspunkte sichtbar machen kann.

IV. DIDAKTISCHE ENTSCHEIDUNGEN

Der beschriebenen Gefahr, meine Prüfungsstunde inhaltlich zu überfrachten, begegne ich in der ersten Arbeitsphase mit begrenzenden Entscheidungen.

> *Ich entscheide mich unter Berücksichtigung aller Vorgaben für bestimmte Lernziele, Inhalte, Aktions- und Sozialformen.*
> *Ich begründe meine Entscheidungen.*

Bei der *schriftlichen Darstellung* vergewissere ich mich anhand der Prüfungsbedingungen, wie ausführlich die didaktischen Entscheidungen im Bereich der ganzen Unterrichtseinheit darzustellen sind. In der Regel ist nur die Prüfungsstunde umfassend auszuarbeiten. Für die übrigen Stunden genügt es, Ziele und Inhalte anzugeben.

- *Ich bedenke im Blick auf Lernziele:*

Das Lernziel ist mir in der Regel durch Themenstellung bzw. Lehrplan vorgegeben. Änderungen sind zuweilen von den Prüfungsordnungen erlaubt, verlangen aber in jedem Fall ausführliche Begründung. Die Prüfungssituation verleitet dazu, in den Teilzielen große Lernfortschritte zu planen. In der Prüfungsstunde kann ich damit unter erheblichen Druck geraten: Mein Unterrichtserfolg wird an den von mir gesetzten Zielen gemessen werden. Ich versuche deshalb, möglichst differenzierte Teilziele zu konzipieren. Ich achte darauf, daß meine Ziele für Lernwege offen sind, auf denen meine Schüler ihre Aktivitäten entfalten können.

Zielformulierungen wie „erkennen, daß . . .", „begreifen, daß . . ." lassen meist noch keine Beziehung zu einem Lernweg erkennen. Oft werden aus solchen Zielen Unterrichtsverläufe konzipiert, in denen alles auf ein entscheidendes „Aha-Erlebnis" angelegt ist, darauf, daß endlich jemand die angestrebte Erkenntnis hat und zum Ausdruck bringt. Bleibt dieser Erfolg aus, ist der Ertrag der ganzen Stunde infragegestellt. Zielformulierungen, die mit Bezug auf einen möglichen Lernweg formuliert werden, z. B. „miterleben, wiedererkennen, zuordnen können" usw., geben dem Lehrer wie den Schülern mehr Raum.

Bei der *schriftlichen Darstellung* achte ich darauf, daß die Formulierungen der Ziele deren Charakter (vgl. S. 64f.) erkennen lassen.

- *Ich bedenke im Blick auf Inhalte:*

Die Prüfungssituation verleitet dazu, aus dem „Vollen“ zu schöpfen. Ich unterschätze leicht die Zeit, die meine Schüler brauchen, um sich mit wechselnden Inhalten vertraut zu machen. Ich versuche deshalb, meinen Schülern eher weniger Inhalte anzubieten und darauf zu achten, daß die mit den Inhalten gegebenen Vorstellungen, Eindrücke, Informationen überschaubar bleiben.

Bei der *schriftlichen Darstellung* kennzeichne ich die Inhalte so genau, daß der Leser weiß, womit ich arbeiten möchte. Ich beschreibe sie in Stichworten, füge sie evtl. in der Anlage bei.

- *Ich bedenke im Blick auf Aktions- und Sozialformen:*

Die Prüfungssituation verleitet dazu, ein „methodisches Schauspiel aufzuführen“, die Reichhaltigkeit meiner methodischen Palette vorzustellen. Ich versuche deshalb, möglichst gezielt danach zu fragen, was Aktions- und Sozialformen in einer bestimmten unterrichtlichen Situation leisten können, ob sie angemessen sind, ob sie den Schülern den Handlungsspielraum eröffnen, der den gesetzten Zielen entspricht. Ich prüfe genau, ob alle Voraussetzungen erfüllt sind, damit meine Schüler in der gewählten Aktionsform sinnvoll arbeiten können.

Ich bedenke den Zusammenhang der Prüfungsstunde mit der ganzen Einheit. Habe ich beispielsweise Elemente der Ergebnissicherung, für die in der Prüfungsstunde die Zeit zu kurz war, in folgenden Stunden vorgesehen?

Bei der *schriftlichen Darstellung* bedenke ich, wie ich dem Leser anhand von Alternativen Einblicke in meine methodische Kompetenz geben kann.

- *Ich bedenke im Blick auf Medien:*

Die Prüfungssituation verleitet dazu, möglichst eindrucksvolle Medien einzusetzen. Ich versuche deshalb, möglichst genau zu unterscheiden zwischen dem ansprechenden Charakter eines Mediums, seiner erkannten und erprobten Eignung für den Unterricht überhaupt, und seiner Funktion, die es in dieser Stunde, auf dem von mir hier geplanten Unterrichtsweg haben kann.

Bei der *schriftlichen Darstellung* sorge ich dafür, daß sich der Leser von den eingebrachten Medien ein genaues Bild machen kann. Ich beschreibe ihre didaktische Funktion und begründe ihre Auswahl.

Da Korrektoren vor allem darauf achten, ob und wie die Entscheidungen begründet und ob sie stimmig sind, überprüfe ich daraufhin alle getroffenen Entscheidungen.

V. VERLAUFSPLANUNG

In meiner *schriftlichen Darstellung* will ich dem Leser ein möglichst klares und übersichtliches Bild geben, wie die didaktischen Entscheidungen im konkreten Unterricht Gestalt gewinnen sollen.

● Damit er den Zusammenhang der verschiedenen Einzelschritte mit einem Blick überschauen kann, frage ich: Ist der Aufbau der Unterrichtseinheit, seine Phasenstruktur in meiner Verlaufsplanung gut erkennbar?

● Damit er (wie in einer Notenschrift) gleichzeitig mehrere Komponenten des Unterrichts (Ziele, Inhalte, Aktionsformen, Sozialformen, Materialien und Medien) verfolgen kann, frage ich: Ist in meiner Verlaufsplanung die Zuordnung der einzelnen Elemente hinsichtlich ihrer Parallelität wie ihrer Abfolge (Anordnung in Spalten) übersichtlich gelungen?

● Damit er sich von Ausgangssituationen, Schlüssel- und Wendepunkten des Unterrichts anschauliche und detaillierte Vorstellungen machen kann, frage ich: Sind Erzählungen für den Leser nachvollziehbar wiedergegeben (Anlage)? Sind in meiner Verlaufsplanung die Impulse wörtlich formuliert? Habe ich mögliche Reaktionen der Schüler angedeutet? Habe ich Arbeitsaufträge formuliert? Habe ich bei offenen Gesprächen mögliche Weiterführungen markiert?

● Damit sich der Leser von dem, was vor den Schülern bildhaft erscheinen soll, ein deutliches Bild machen kann, frage ich: Habe ich das Einbringen von Skizzen, Bildern, Arbeitsblättern, Folien, Tafelzeichnungen und -anschriften in der Verlaufsplanung an der entsprechenden Stelle vermerkt und diese Elemente in der Verlaufsplanung selbst oder als Anlage anschaulich genug vorgestellt?

● Damit der Leser den zeitlichen Ablauf mitvollziehen kann, frage ich: Sind meine Angaben zur Unterrichtszeit übersichtlich und realistisch?

STATT EINES NACHWORTS: EINE KLEINE LEHRER-TYPOLOGIE

Mein Planen und Unterrichten hängt sehr stark von meinem ganz persönlichen Arbeitsstil ab. Durch ihn bekommt mein Unterricht ein ganz bestimmtes Gesicht, und das ist gut so. Unterricht wird lebendig und interessant durch die je verschiedenen Eigenarten des Unterrichtenden. Und mit meinem Arbeitsstil bringe ich auch meine besonderen Gaben ins Unterrichtsgeschehen ein. Auf der anderen Seite gibt es bestimmt Schüler, denen ein anderer Stil eher liegt, die sich mit meinem Stil schwer tun. Auf sie sollte ich Rücksicht nehmen. Aus beiden Gründen ist es gut und wichtig, den eigenen Arbeitsstil zu kennen, über seine Chancen und Grenzen nachzudenken.

Mit ein paar typischen Arbeitsprofilen schließen wir. Vielleicht finden Sie sich selbst im einen oder anderen oder in mehreren wieder. Es könnten Anstöße zum Weiterdenken sein . . .

„Missionar“

Manche Unterrichtenden sind so sehr von ihrem Auftrag erfüllt, daß sie bei jedem Text/Thema gleich wissen, worauf es ankommt, was sie zu vermitteln haben. Ihre besondere Gabe ist es, theologische Inhalte auf Wesentliches konzentrieren zu können und dies in der eigenen Person glaubwürdig zu vertreten. So bieten sie Orientierung in einem gelebten Glauben an.

Ihre Grenzen liegen darin, daß sie sich oft mit Menschen schwertun, die nicht so wie sie selbst empfinden, denken und auch glauben können, die eine andere biographische Vorgeschichte haben. Es fällt ihnen oft nicht leicht, auch andere Akzente anzuerkennen und einzubeziehen.

Die didaktische Arbeit der Unterrichtsplanung kann ihnen helfen, ihr theologisches Urteilen für andere Argumente, Erfahrungen und Einsichten zu öffnen, ihre Wahrnehmungen der Schüler und deren Standorte zu differenzieren, ihr didaktisches Angebot breiter anzulegen.

„Anwalt der Theologie“

Theologische Richtigkeit und Stimmigkeit ist ein wichtiges Kriterium. Es kann aber auch zur Fessel werden. Die Gabe des „Anwalts der

Theologie“ ist es, einzelne Gedanken schnell auf einen entscheidenden Punkt bringen, sie größeren theologischen Zusammenhängen zuordnen, sie damit korrigieren und präzisieren, von Widersprüchen abgrenzen zu können. Solche Unterrichtenden können dafür sorgen, daß sich verschiedene Meinungen nicht im Dickicht der Widersprüche, Rätsel und Antinomien verlieren oder in der bloßen Beliebigkeit versanden, sondern daß ihr Bezug zu dem, was christlichen Glauben ausmacht und bestimmt, erkennbar bleibt.

Ihre Grenze liegt darin, daß sie über dem Bewahren der „reinen Lehre“ oft den Blick für die Zwischentöne verlieren, die den lebendigen Umgang mit dem Glauben im je einzelnen Leben bestimmen, daß sie das Recht von Abkürzungen, vielleicht sogar von Einseitigkeiten, die in bestimmten Situationen und für bestimmte Menschen notwendig sind, kaum anerkennen können.

Die didaktische Arbeit kann ihnen helfen, die theologische Richtigkeit im größeren Rahmen dessen zu sehen, was Glaube für den Lebensvollzug einzelner Menschen bedeuten kann und will und sie auch in diesem größeren Rahmen angemessen zu relativieren.

„Anwalt der Schüler“

Manche Unterrichtenden haben ein sicheres Gespür dafür, was Texte/Themen für ihre Schüler „hergeben“. Ihr Vorteil ist, daß sie schülernah unterrichten, an den Fragen und Problemen der Schüler „dranbleiben“ können. Die wichtige Einsicht „es geht um die Schüler“ motiviert und schafft Sympathien für den christlichen Glauben.

Die Grenzen dieser Lehrer werden sichtbar, wenn sie zuweilen zu schnell wissen, was für ihre Schüler geeignet oder nicht geeignet ist, wenn sie zu rasch theologische Differenzierungen einebnen.

Die didaktische Arbeit kann ihnen helfen, in der wichtigen Arbeit am Standort der Schüler auch Wegstrecken und Zielsetzungen angemessen mitzudenken, auf und mit denen die Schüler weiterkommen, zu Neuem, bisher Unbekanntem und Ungelöstem vordringen können.

„Leser“

Manche Unterrichtenden trauen ihrer Fähigkeit, den Prozeß der Unterrichtsplanung selbständig durchzuführen, viel zu wenig zu. Sie halten sich an Vorlagen fest und führen sie möglichst genau durch.

Ihre Chance ist es, daß sie sich meist auf dem sicheren Boden erprobter Entwürfe und Hilfestellungen bewegen, daß sie sich immer wieder neue didaktische Anregungen zunutze machen.

Ihre Grenze ist ihre Unselbständigkeit. Sie verlieren den Blick für die didaktischen Fähigkeiten, die in ihnen selbst stecken, für das, was sie sich mit gutem Grund zutrauen könnten - auch wenn manches nicht gleich gelingt. Sie werden hilflos, wenn sie von den Unterrichtshilfen im Stich gelassen werden.

Die Planungsarbeit kann ihnen helfen, in den einzelnen Vorbereitungsschritten ihre eigenen Fähigkeiten zu entdecken, um so immer mehr zu selbständigen didaktischen Entscheidungen zu kommen.

„Künstler"

Sie entwickeln die Unterrichtsplanung „locker" aus einer zündenden Idee heraus, die sie in anregende und phantasievolle Schülertätigkeit umsetzen. Das gibt dem Unterricht sein „Gesicht", macht ihn abwechslungsreich und spannend, auch in sich bündig und übersichtlich. Die große Gabe des „Künstlers" ist seine didaktische Kreativität, die ihm Anstöße zu einem lebendigen und eindrücklichen Unterricht liefert. Mit dieser Gabe kann er es sich auch leisten, sich im Unterricht selbst auf gute Einfälle zu verlassen.

Schwierigkeiten tauchen auf, wenn einmal Ideen ausbleiben und auch, wenn sich der „große Wurf" nicht so einfach in die kleinen Schritte des konkreten Unterrichts umsetzen läßt. Manch gute Idee verpufft, weil eine bestimmte Vorbedingung nicht erfüllt, etwa ein Arbeitsauftrag unglücklich formuliert wurde.

Die Schritte der Unterrichtsvorbereitung sollten den „Künstlern" helfen, ihre guten Ideen in die Kleinarbeit der Unterrichtsvorbereitung hineinzubuchstabieren, damit sie angemessen aufbereitet und dann auch ausgeschöpft werden können.

„Konstrukteur"

Solche Unterrichtenden entwickeln sehr klare Vorstellungen von dem, was sie vermitteln wollen und bauen logisch und konsequent den Lernweg vom gesetzten Ausgangspunkt zu einem gesetzten Zielpunkt hin auf. Ihre Gabe ist es, Schüler vor überraschenden Hürden, unerwarteten Sprüngen, verwirrenden Nebenlinien bewahren zu können. Wer auf dem eingeschlagenen Weg mitgeht, wird sicher und kontinuierlich zum Ziel gebracht.

Schwierig wird es dabei für solche Schüler, die an einer Stelle dieses Weges hängengeblieben, „ausgestiegen" sind. Schüler, die andere, ihnen vertrautere Wege zu gehen versuchen, bekommen oft zu wenig Gehör.

Die Grenze des „Konstrukteurs" ist, daß sein Lehrweg oft zu wenig zum Lernweg seiner Schüler wird, daß Schüler passiv werden oder ihrem Drang nach Selbsttätigkeit an anderer Stelle Luft machen.

Die Planungsarbeit könnte den „Konstrukteuren" helfen, ihre Lernwege möglichst breit anzulegen, Handlungsräume für die Selbsttätigkeit der Schüler mitzuplanen, das Wahrnehmen produktiver Nebenwege zu schärfen.

„Bastler"

Manche Unterrichtenden treffen ihre Entscheidungen vornehmlich im Bereich der Verfahren, Materialien und Medien. Sie orientieren sich am konkret Greifbaren. Sie repräsentieren den Typ des „didaktischen Bastlers". Ihre besondere Gabe ist es, aus der Fülle ihrer methodischen Ideen und angebotener Materialien das zu finden, was sie für ihren Unterricht brauchen können. Ihre Methoden- und Materialsammlung wird zum Rückgrat eines aktuellen, anschaulichen Unterrichts.

Ihre Grenzen werden sichtbar, wenn die größeren Perspektiven für den Unterricht fehlen. Die Wahl der Aktionsformen orientiert sich dann bloß an dem, was das Material hergibt. Neue Inhalte werden so eingebracht, daß die Zusammenhänge mit dem bisherigen oft unterbelichtet bleiben, daß zwischen den einzelnen Inhalten Brüche entstehen.

Die Schritte der Unterrichtsvorbereitung können dabei helfen, die Entscheidungen im Bereich der Materialien und Medien, Aktions- und Sozialformen in den weiteren Rahmen der Lernmöglichkeiten und der daraus sich ergebenden Lernziele zu integrieren.